euphoria

Das Experiment

Impressum:

Bibliografische Information Der Deutschen Bibliothek:
Die Deutsche Nationalbibliothek verzeichnet diese
Publikation in der Deutschen Nationalbibliografie;
detaillierte bibliografische Daten sind im Internet über
dnb.d-nb.de abrufbar.

Neuausgabe
© Januar2014 Marin Key, Nina Nell
Umschlaggestaltung: Nina Nell
Satz und Layout: Marin Key, Nina Nell
Herstellung und Verlag: BoD - Books on Demand, Norderstedt
ISBN: 978-3-732-2-9495-4

Das Experiment

Marins Tagebuch

Inhaltsverzeichnis

Vorwort	6
Wie alles begann …	9
Woche 1 – Akzeptanz der Vergangenheit	30
Woche 2 – Akzeptanz der Gegenwart	39
Woche 3 – Absichtsloses Tun	47
Woche 4 – Glaubenssätze austricksen	59
Woche 5 – Grundlos glücklich	67
Woche 6 – Spiel, Spaß und ein Wendepunkt	74
Woche 7 – Der Aufschwung	86
Woche 8 – Und täglich grüßt Nikolas	96
Fazit	103
Das 2. Experiment	110
Schlusswort	113
Danksagung	115

VORWORT
von Nina Nell

Als ich mit Marin angefangen habe an ihrem Kinderbuch zu arbeiten, konnte ich noch nicht ahnen, dass diese Arbeit zu einer solchen Entwicklung führen würde. Ein Euphoria-Experiment zu machen war einerseits eine spaßige Angelegenheit, aber auch ein höchst interessantes Unterfangen. Dieses Buch ist nicht nur ein Tagebuch einer Frau, die Euphoria ausprobiert hat, um ihr Leben zu ändern, es ist auch ein Experiment, über das du am Ende dieses Tagebuchs etwas erfahren wirst.

Die Arbeit an diesem Buch hat mir großen Spaß gemacht. Noch einmal zu lesen, wie Marin ihren Wandel vollzogen hat, hat mich nicht nur zum Lachen gebracht, sondern mich auch oft zu Tränen gerührt. Marin ist eine großartige Frau und ich habe den allergrößten Respekt vor ihr, vor ihrem Mut, ihrer Kraft und ihrem Lebenswillen. Sie hat es geschafft und ich hoffe, dass dieses Tagebuch eine Motivation für alle Euphorianer ist, die es ebenfalls schaffen wollen. Dieses Buch macht deutlich, dass es möglich ist sein Leben von Grund auf zu wandeln. Auf dem Weg zum Glück findet man auch Stolpersteine und manchmal fällt man hin. Auch Marin ist manchmal hingefallen. Aber man hat immer die Wahl, ob man aufsteht und weitergeht, oder liegen bleibt. Marin ist weitergegangen. Immer weiter. Träne für Träne, Lachen um Lachen, Stück für Stück ging sie ihren eigenen Euphoria-

Weg und fand schließlich ihr Glück. Ich freue mich das Vorwort für ihr erstes Buch zu schreiben, aber ich möchte ihr jetzt selbst das Wort überlassen.

Nur so viel sei gesagt: Ich habe an diesem Buch mitgewirkt, indem ich Marins Tagebuch-Texte überarbeitet und in eine erzählerische Sachtextform verpackt habe. Ich habe dabei versucht Marins Gefühle und Gedanken, ihre Erlebnisse, Erkenntnisse und ihre notierten Dialoge so originalgetreu wie möglich zu belassen, jedoch mag man natürlich meinen Schreibstil in diesem Buch erkennen. Das Tagebuch ist in Wochen unterteilt – 8 Wochen, in denen Marin nun von ihrem Euphoria-Experiment berichtet.

Von Herzen wünsche ich allen Lesern das größte Glück!

Wie alles begann ...

In der Nachkriegszeit geboren, wuchs ich in einer sehr armen Familie auf. Mein Vater war ein Kriegsveteran und erzog uns mit Schlägen und Rohrstock. Bevor er in den Krieg gezogen war, war er Boxer gewesen – ein Beruf, den er nach dem Krieg an seinen Kindern weiter ausgelebt hatte. Er hatte uns nicht mit der flachen Hand geschlagen, sondern mit Fäusten. Manchmal spüre ich noch heute die Schmerzen, wenn ich mich daran zurückerinnere. Durch meinen Vater habe ich ein sehr verzerrtes Bild von Liebe erfahren. Nachdem er uns geschlagen hat, wollte er oft, dass wir ihn umarmen und küssen. Wenn wir uns geweigert haben, gab es weitere Schläge. Dieser Prägung habe ich es wohl zu verdanken, dass ich – als ich erwachsen geworden war – zu einem Mann flüchtete, der mich ebenso behandelte und bei dem ich 17 Jahre lang geblieben war. Schläge – Zuneigung, Schläge – Zuneigung. Dies war die Art Liebe, die ich als Kind von meinem Vater gelernt hatte. Mit diesem Mann brachte ich fünf Kinder auf die Welt – eins davon war tot geboren worden. Noch immer hängt mir dieser Einschnitt in mein Leben so sehr nach, dass ich – während ich darüber schreibe – weine und zittere. Meine Tochter, die nach dieser Totgeburt auf die Welt gekommen war, erhielt als Zweitnamen den Namen meines Sternenkindes. Dass sich später ausgerechnet diese Tochter von mir entfernte und mich schließlich verließ, war ein so schwerer

Schicksalsschlag und schmerzte so sehr, dass ich glaubte, ich würde es nicht überleben. Heute erkenne ich, dass dies wohl geschehen musste, um das alte Trauma des Verlustes, das sich in diesem Ereignis wiederholte, in mir zu lösen und zu heilen. Meine Tochter kehrte erst sieben Jahre später zurück und erklärte mir, sie habe von ihrem Mann nur Unterdrückung, Manipulation und Gewalt erfahren. Sie hatte also eine ähnliche Beziehung geführt, wie ich zuvor 17 Jahre lang. Aus dieser Beziehung waren drei Kinder hervorgegangen, die seelisch sehr unter den Umständen und unter ihrem Vater leiden.

Dies war nur ein kurzer Einblick in mein Leben. Leid war schon immer ein ständiger Begleiter meiner Familie. Auch die Eltern meiner Mutter und meines Vaters waren arm und von Leid geplagt gewesen. Flucht, Armut, Hunger, Gewalt waren immer präsent gewesen. In diesem Umfeld und unter diesen Bedingungen habe ich nie gelernt, wie man ein gesundes Selbstwertgefühl aufbaut. Mein Vater hat mich schon als Kind als dumm und wertlos bezeichnet und mir dies auch immerzu gezeigt. Ich bin sicher, dass auch er eine ähnliche Erziehung erfahren hat. Meine Mutter, eine Frau, die Zeit ihres Lebens selbst immer gekämpft und gelitten hat, gab mir zwar Liebe, aber sie war mit den Jahren und nach all dem Leid hart und verbittert geworden. Sie war eine der Trümmerfrauen gewesen. Im Krieg hatte sie ihre große Liebe verloren, bevor sie meinen Vater geheiratet und uns Kinder bekommen hat. Von ihr habe ich gelernt stark zu sein und niemals aufzugeben. Vielleicht stehe ich deshalb immer noch und suche mein Glück.

Als mein Vater gestorben war, habe ich keine Träne vergossen. Doch als sie gestorben war, hat mich die Trauer tief an der Wurzel gegriffen. Ich frage mich manchmal, wie ich bestimmte Dinge nur überstanden habe. Wie ich überlebt und Gefühle wie diese ausgehalten habe. Trauer, Wut, Hass, Angst ... Und wie heilt man danach? Sind die Wunden aus meinem Leben und die Wunden aus Generationen davor *überhaupt* geheilt? Ich habe in meinem Leben nie viel zu lachen gehabt. Von Kindheit an habe ich immer nur gekämpft. Um Zuneigung, um Anerkennung, um Liebe, um etwas zu Essen, ums Überleben. Ich habe nicht nur psychische und körperliche Gewalt kennengelernt, sondern auch Missbrauch, Vergewaltigung, Hunger, Verlust, Todesangst ... Ja, das bin ich. Das ist mein Leben. Ich kenne das Leid in all seinen Facetten. Und dieser Teufelskreis dreht sich seit Generationen und dreht sich und dreht sich. Selbst die Kinder meiner Kinder leiden seelisch und körperlich und ich kann mich des Gedankens nicht erwehren, dass die Schuld bei mir liegt – weil ich es nicht geschafft habe das Leid rechtzeitig aus meinem Leben zu verbannen, ehe es seine Griffel nach meinen Kindern ausstreckt.

All das und mehr ging mir durch den Kopf, als ich dasaß, Nina vor mir am Tisch Zeichnungen machte und nebenbei erwähnte: »Du strengst dich zu sehr an.«

Ich muss gestehen, dass mich dieser Ausspruch wütend gemacht hat. Hätte ich mich mein Leben lang nicht angestrengt, wäre ich womöglich nicht mehr hier, dachte ich. Wir hatten zuvor über das Glück gesprochen. Ich habe Ninas Bücher mit Begeisterung gelesen, manche sogar mehrmals, und mit jedem Buch die tiefe Wahrheit dahinter gespürt. Es fühlte sich richtig an, was sie da schrieb und nicht selten berührten ihre Geschichten etwas tief in mir, rüttelten etwas wach und kratzten an meinen alten, festgefahrenen Glaubenssätzen. Ninas Bücher haben mich sehr fasziniert, weshalb ich mich auch nach einer ihrer Romanfiguren benannt habe: Marin Key. Wem dieser Name nicht geläufig ist, der möge sich mit der Euphoria-Reihe befassen und diese unglaubliche Frau kennenlernen, die zu meinem Vorbild geworden ist. Euphoria hat etwas mit mir und meinem Leben gemacht. Seit ich die Euphoria-Bücher gelesen habe, kümmere ich mich automatisch intensiver um mein Glück, was mich auch dazu geführt hat, meine alte Leidenschaft – das Schreiben – wiederzuentdecken und zu leben. Das Einzige, was mich als Kind aufrechterhalten hat, war meine Fantasie und die Abenteuer, die ich darin erlebt habe. Wenn ich gespielt habe, wurde aus einem Hinterhof eine verborgene Stadt, aus Kuscheltieren wurden Lebewesen, aus Schulwegen wurden Abenteuerreisen. Zu meiner Kinderzeit haben wir noch draußen gespielt, manchmal in den Trümmern der Häuser, in Gassen und Hinterhöfen, in Gärten, am Kanal auf den Wiesen. Unsere Spiele waren Abenteuer und diese schrieb ich, wenn ich abends zu Hause war, auf. Ich hatte kein Papier dafür oder leere Bücher, die ich vollschreiben konnte, also schrieb ich meine Geschichten auf die leeren Blankoseiten der Kinderbücher, die ich besaß. Ich verbrachte Stunden in Büchereien und las bis spät in die Nacht heimlich mit der Taschenlampe unter der Bettdecke. Geschichten waren mein Lebenselixier und meine Flucht aus der schmerzhaften Realität. Diese Momente in meiner Kindheit bedeuten noch heute das größte Glück für mich und deshalb war die Rückbesinnung auf meine alte Leidenschaft ein großer, euphorianischer Schritt in Richtung Glücklichsein gewesen, den ich zunächst als solchen gar nicht wahrgenommen hatte.

Als wir so dagesessen hatten, berichtete ich ihr, dass ich schon oft versucht hatte die Euphoria-Lebensweise bewusst umzusetzen, es aber auf Grund meiner Geschichte einfach nicht schaffte, ein Glücksgefühl zu erzeugen, das stark genug war, um mein Leben von Grund auf ... Da hatte sie mich dann unterbrochen und diesen Satz gesagt. *Du strengst dich zu sehr an.* Ich blickte sie mit großen Augen an, in denen sie vermutlich meine Wut sehen konnte und den Kampfgeist, den ich von meiner Mutter geerbt hatte. »Naja, das muss ich doch auch«, protestierte ich. »Sonst werde ich es niemals schaffen ...«

Sie schnaufte so laut, dass sie mich damit unterbrach, blickte aber nicht mehr zu mir auf. Stattdessen zeichnete sie einfach weiter. Nach ein paar Augenblicken drehte sie das Blatt auf dem Tisch um, schob es zu mir rüber und fragte: »Kannst du dich an diesen Moment noch erinnern?«

Ich hatte sie gebeten eine kleine Szene aus meiner Kindheit für mein Kinderbuch zu zeichnen. Es war eine Szene, in der meine Tante und mein Onkel, die ich immer über alles geliebt hatte, uns besucht hatten. Sie waren die Menschen, die ich mir als Eltern für mich gewünscht hätte. Menschen so voller Liebe und Fürsorge. Als ich sie als Kind in unserem Wohnhaus habe klingeln hören, war ich die

Stufen im Treppenhaus so schnell hinunter gerannt, dass ich das Gefühl gehabt hatte zu fliegen. Doch es war nicht das Tempo mit dem ich gerannt war, das mich regelrecht hatte abheben lassen, sondern das Gefühl in mir. Eine so große Freude, dass ich den Boden unter den Füßen verloren hatte. So schwebend war ich ihnen dann auch in die Arme geflogen. Als ich die Zeichnung sah, kam sofort das Gefühl in mir zurück und mein Gesicht erhellte sich. Ich lächelte.

Nina lachte kurz. »War das anstrengend?«, fragte sie mich dann.

Ich sah auf und lachte ebenfalls. Und in diesem Moment erkannte ich, was sie gemeint hatte. Nein, es war nicht anstrengend gewesen. So schwer meine Kindheit auch gewesen war, es hatte auch viele glückliche Momente darin gegeben. Momente der Freude, Spaß, Lachen, Spiele. Momente, die ich gerade in ein Buch schrieb und noch einmal erlebte und Momente, die Nina mit ihren Zeichnungen noch einmal lebendig werden ließ. Wir arbeiteten zusammen an meinem ersten Kinderbuch, denn ich hatte beschlossen das zu tun, was mich glücklich machte. Ich hatte schon vor einer Weile angefangen danach zu suchen, als ich Ninas Bücher gelesen hatte. So hatte ich das Schreiben wiederentdeckt, das ich als Kind schon leidenschaftlich geliebt hatte. Und so hatte ich erkannt, dass die meisten Glücksmomente in meiner Kindheit stattgefunden hatten.

Ohne, dass ich es bewusst herbeigeführt hätte, war ich also dazu gekommen ein Kinderbuch zu schreiben. Ein Buch über die glücklichste Zeit meines Lebens. Aber reichte dies aus, um mein Leben zu ändern? Um den Teufelskreis zu durchbrechen? Reichte es wirklich aus, hin und wieder Glück zu fühlen? So, wie ich es verstanden hatte, brauchte man intensive, euphorische Glücksgefühle, um etwas zu wandeln. So, wie in der Geschichte »Euphoria«, in der Lucy lernte durch intensive Gefühle ihre Realität zu verändern. Nina erwähnte nichts mehr auf meinen zwar glücklichen, aber fragenden Blick, sondern grinste nur schalkhaft, womit sie mich an jemanden aus ihrer Geschichte erinnerte.

Sie ließ ihre Zeichnung dieses Mal liegen und fuhr bald nach Hause. Ich sah mir das Bild noch den ganzen Abend an. Ich glaube, dieser Moment war nicht nur einer von vielen kleinen Glücksmomenten in meinem Leben gewesen, es war der glücklichste, den ich je erlebt hatte. Ein ähnliches Gefühl hatte ich danach nur noch einmal erlebt, als ich das erste mal so richtig verliebt gewesen war. Ich war 17 gewesen und der Junge, dem mein Herz gehört und der mir auch seins geschenkt hatte, hatte ein Gefühl in mir ausgelöst, das mich erneut hatte schweben lassen. Ein solches Gefühl kann ich nicht in Worte kleiden. Es fühlte sich an, als würde das ganze Universum in mein Herz passen, durch meine Glieder strömen und meinen Körper hochheben. Ich war liebestrunken, benommen vor Glück.

Ganze zweimal hatte ich ein solches Gefühl erlebt. Und das stimmte mich nun traurig. Sehr sehr traurig. Diese Menschen, die dieses Glücksgefühl in mir ausgelöst hatten, gab es nicht mehr in meinem Leben und im weiteren Verlauf meines Lebens hatte es niemand mehr geschafft, ein solches Gefühl der Freude in mir hervorzurufen. Nicht einmal ich selbst. Ich fühlte mich beim Betrachten dieses Bildes plötzlich nicht mehr glücklich. Die Erinnerung an den Glücksmoment wurde von Traurigkeit überschattet. Vielleicht sollte es nicht sein, dass ich glücklich war, dachte ich. Denn auf diesen kleinen Glücksmoment waren viele Jahre Leid gefolgt, die mein Glücksempfinden scheinbar völlig ausgemerzt hatten. Und das Leid hielt an. Ich war nach wie vor arm. Ich hatte nie so etwas wie Wohlstand erlebt. Immer war ich nur gerade so über die Runden gekommen oder musste knappsen oder gar hungern. Als junge Frau war ich einmal sehr schlank und schön gewesen. Jetzt war ich alt geworden. Ich hatte abgetragene, alte Klamotten, die ich schon über 10 Jahre trug, meine Schuhe waren abgelaufen und ich hatte kein Geld, um mir neue zu kaufen. Eigentlich hatte ich für gar nichts Geld. Anscheinend gab es einen mächtigen Armutsglaubenssatz in mir, dem ich nicht Herr wurde. Es gab in meinem Leben so viel zu bemängeln, dass es mir auf einmal lächerlich vorkam, mir in einer solchen Lebenssituation Glücksgefühle zu machen. Und einem Teil von mir kam es noch viel lächerlicher vor, dass es mit diesen Glücksgefühlen gelingen sollte, dieses Leben zu ändern. Obwohl ich fest daran glaubte. Ich hatte schon so viel über das Gesetz der Anziehung gelesen, dass ich wirklich davon überzeugt war. Aber ich kämpfte gegen Windmühlen. Meine Überzeugungen waren stark, stärker als ich. Glück war in meinem Leben bisher nur etwas gewesen, das mir half zu überleben.

Als Nina am nächsten Tag kam, ließ ich mir nichts von meinen selbstsabotierenden Gedanken anmerken und kochte

Tee für uns. Ich war so dankbar, dass sie sich die Mühe machte für mein Kinderbuch die Zeichnungen anzufertigen. Ich wollte nicht, dass sie je mit schlechten Stimmungen konfrontiert wurde, wenn sie hier war. Doch Nina etwas vorzumachen, ist etwa so wirksam wie sein Spiegelbild heulend zum Lachen zu bringen. Es funktioniert nicht. Sie hatte schon bemerkt was los war, als sie über die Türschwelle getreten war.

Beim Tee sprachen wir über das Buch, aber sie sah mich immer wieder prüfend an. Irgendwann sagte sie: »Das wird ein großartiges Buch. Nicht nur für Kinder.«

Ich fühlte mich geschmeichelt und bedankte mich etwas verlegen.

»Man spürt die Glücksgefühle in den Szenen, die du selbst erlebt hast. Die Menschen lieben so etwas, weil jeder nach diesem Glück sucht und es erleben will. Nicht nur du.«

Ich nippte an meinem Tee und nickte. Ich konnte mir gut vorstellen, dass die Menschen nach so etwas suchten. Wer wollte nicht gern glücklich sein? Ich suchte selbst immer nach Kindheitserinnerungen, weil sie mir ein gutes Gefühl machten. Deshalb sammle ich auch Bücher und andere Dinge aus den 50er und 60er Jahren, aus meiner Kinder- und Jugendzeit.

»Jeder erinnert sich gern an den Spaß aus seiner Kindheit. Da war alles noch unbeschwert. Diese Erinnerungen behält man immer im Herzen.«

Ich nickte erneut. Aber Nina war noch nicht fertig.

»Jeder wird dein Kinderbuch mögen. Es ist zauberhaft.«

So viel Lob war ich nicht gewöhnt. Nein, ich war es nicht

nur nicht gewöhnt, ich fühlte mich unwohl dabei, weil ich es nicht glauben konnte. Ich bekam rote Ohren.

»Was ist, wenn es die ganze Welt lesen will?«

Jetzt verschluckte ich mich fast an meinem Tee.

Sie lachte. »Es macht Menschen glücklich, da bin ich sicher. Warum sollte es nicht die ganze Welt lesen wollen?«

Das konnte ich mir beim besten Willen nicht vorstellen. *Mein* Buch? Die *ganze* Welt? Nein. So gut war ich nicht. Das war eher Ninas Liga. Mir war klar, dass sie mich damit nur aufheitern wollte und lächelte dankbar, wenn auch etwas gezwungen.

»Gut möglich, dass du dann reich wirst«, redete sie weiter.

Ich musste lachen, versuchte aber sofort wieder ernst zu werden. Sie sollte nicht denken, dass ich sie auslachte. Aber diese Vorstellung war einfach absurd. In diesem Moment wurde mir bewusst, dass ich nicht daran glaubte, dass ich jemals reich werden konnte. Ich versuchte mir einzureden, dass ich nur nicht daran glaubte, weil es sich hier um ein *Kinderbuch* drehte. Mit einem Kinderbuch konnte doch keiner reich werden. Aber eigentlich glaubte ich generell nicht daran, sagte es ihr nur nicht. Ich vermutete, dass sie dann so etwas sagen würde wie: *Wenn du nicht daran glaubst, kann es auch nicht wahr werden.* Jedoch sagte sie etwas ganz Anderes.

»Du wirst schon sehen.«

Ich sah sie überrascht an. Ich war Weisheiten, Sprüche, Zitate und Erläuterungen zu allen möglichen Lebensfragen aus Ninas Mund gewöhnt, aber damit konnte ich nun wirklich nichts anfangen. Was meinte sie damit? Es war doch eine Tatsache, dass (nach dem Gesetz der Anziehung) nur etwas Wirklichkeit werden konnte, woran ich auch glauben konnte oder was ich zumindest in Betracht zog. Oder irrte ich mich da?»Wie bitte?«, fragte ich sie verwirrt.

»Du wirst schon sehen«, wiederholte sie grinsend. »Es ist egal, ob du jetzt daran glaubst, oder nicht.« Ich muss wirklich dumm aus der Wäsche geguckt haben. Da liest man jahrelang, dass es der Glaube ist, der die Berge versetzt und dass man seine Überzeugungen ändern muss, um sein Leben zu ändern und dann sagt eine Autorin ebensolcher Bücher, dass es *egal* ist, ob ich daran glaube?!

»Das musst du mir jetzt erklären.«

Und genau das tat sie. Und was sie sagte, haute mich völlig um. (Ich versuche ihre Worte so genau wie möglich zu zitieren, denn ich habe erst später angefangen, mir bei unseren Treffen Notizen zu machen.) Sie sah mich eindringlich an und sagte: »Das hier«, sie machte eine kreisende Handbewegung zwischen uns, »ist nicht nur *deine* Realität, sondern auch *meine*. Ich für meinen Teil bin davon überzeugt, dass du mit deinem Buch reich werden kannst. Ob du davon überzeugt bist, spielt für mich keine Rolle, denn ich muss dich ja nicht um Erlaubnis fragen, wenn ich mir *meine* Realität gestalte und dich mir reich und wohlhabend vorstelle.«

Baff, völlig baff guckte ich sie an. »Du willst *meine* Realität verändern?«

»Nein, ich verändere *meine*.«

»Aber damit hast du doch keinen Einfluss auf *meine* Realität. *Ich* bestimme doch darüber. Mit meinen Gedanken und Überzeugungen …« Ich fing schon an zu stammeln, so perplex war ich.

»Das stimmt. Wenn du es nicht zulässt, kann ich visualisieren, bis ich rot anlaufe. Dann bleibt alles, wie es ist.«

Ich ließ erleichtert die Schultern sinken. Warum war ich eigentlich erleichtert? Das war doch etwas Gutes, was sie da vorhatte. Vielleicht mochte ich nur den Gedanken nicht, dass jemand ohne mein Einverständnis Macht über mein Leben hatte.

»Du wirst aber doch wohl nicht gegen mich arbeiten wollen?«, fragte Nina jetzt frech.

Ich schüttelte mit dem Kopf. »N … nein, natürlich nicht. Ich will ja selbst auch reich sein.«

»Gut«, sagte sie und schnaufte, als habe sie gerade ein schweres Stück Arbeit geleistet. »Dann lässt du es also zu?«

Etwas verständnislos nickte ich. Natürlich würde ich es zulassen, wenn jemand Reichtum für mich visualisieren wollte. Ich verstand nur nicht, wie das funktionieren sollte. Konnte man wirklich Einfluss auf das Leben eines anderen nehmen, indem man sein eigenes Leben durch Visualisierungen änderte? Diese Frage stellte ich ihr und bekam folgende Antwort:

»Natürlich! Du beeinflusst doch auch *mein* Leben. Wenn du von jetzt an beschließt nur noch fröhlich zu sein, veränderst du damit zum Beispiel mein Denken, Fühlen und Handeln in Bezug auf dich. Das nimmt dann Einfluss auf mein Leben, ohne, dass du es bewusst mitbekommst oder es herbeigeführt hast. Jeder Mensch nimmt Einfluss auf andere

Menschen in seinem Leben. Das ist ganz normal.«

Sie erklärte mir die Sache am Beispiel einer Beziehung. In einer Partnerschaft, in der der eine Partner ein Armutsdenken hat und der andere Partner ein Reichtumsbewusstsein, findet eine ständige gegenseitige Beeinflussung statt, je nachdem, wessen Bewusstsein stärker ist. Die Partner erschaffen *beide* eine Realität, die zu ihrem eigenen Bewusstsein passt, beeinflussen aber gleichzeitig die Realität des anderen. Da aber Armut und Reichtum nicht gleichzeitig existieren können, da sie zwei gegensätzliche Pole sind, gewinnt das Bewusstsein, das stärker ist. Ist zum Beispiel der reiche Partner in seinem Bewusstsein stärker, wird der arme Partner in seinem Denken und Fühlen unbemerkt einen Wandel vollziehen (müssen) und sein Bewusstsein dem des reichen Partners angleichen. Aber nur, wenn er bereit dazu ist und dies zulässt. Ist das nicht der Fall, entstehen Konflikte, Disharmonien, bis hin zu einer Trennung, damit jeder wieder seine eigene Realität entsprechend seines Bewusstseins erschaffen kann.

»Auch, wenn wir keine Partner sind, stehen wir in einer direkten Beziehung zueinander«, erklärte sie weiter. »Du gehörst zu meinem Leben dazu und ich zu deinem. Wenn ich mein Leben verändere, hat das Einfluss auf dein Leben. Besonders dann, wenn ich mein Leben in Bezug auf *dich* ändere, also wenn ich dich anders sehe und wahrnehme. Und wenn du das zulässt oder sogar noch mitmachst, könnten wir dein Leben verändern.« Sie lächelte glücklich dabei.

Mir kam der Gedanke, dass Nina gewiss sehr viel geübter

im Visualisieren und Erschaffen war, aber ich konnte nicht daran glauben, dass sie es je schaffen konnte meine Glaubenssätze damit zu knacken. Denn diese mussten sich ja zuerst ändern, bevor eine andere Realität entstehen konnte. Mein Denken und mein Fühlen musste sich ändern. Und ich hatte keine Ahnung, wie ich das schaffen sollte oder wie Nina mit ihren Visualisierungen, selbst, wenn ich sicher war, dass sie stark war, etwas daran ändern konnte. Ich war ein Härtefall und vermutlich würde sie sich die Zähne an mir ausbeißen. Das wollte ich ihr ersparen und sagte ihr, dass sie sich keine Sorgen um mich machen und für mich nicht so viel Energie aufwenden sollte. Doch damit hatte ich anscheinend noch Öl ins Feuer gegossen und sie geradezu angestachelt. Sie sah mich fest entschlossen an, richtete sich auf und sagte:

»Du denkst, dass du das nicht Wert bist.«

Das war einfach nur eine Feststellung und sie hatte Recht. Ich fühlte mich unbehaglich dabei, wenn sich jemand für mich bemühte. Ich war es mir nicht Wert. »Damit hast du die Sache jetzt dingfest gemacht«, sagte sie fest und in vollem Ernst. »Von jetzt an sehe ich dich nicht mehr arm und unglücklich, sondern lachend, tanzend und reich – und zwar ununterbrochen. Und du kannst mich nicht mehr davon abhalten, egal, was du sagst oder tust. Deine momentane Realität existiert nicht mehr für mich.«

So etwas gesagt zu bekommen ist schon seltsam. Und es macht etwas mit einem. Ich konnte nur noch nicht genau sagen, was. Es machte einfach etwas sehr Seltsames mit mir, wenn ich mir vorstellte, dass mich jemand ganz anders sah, als ich mich selbst. Vollkommen anders. Und ich konnte mir auch ehrlich gesagt nicht vorstellen, wie sie mich reich sehen wollte, wenn alles an mir und um mich herum nach Armut aussah. Es war einfach ein merkwürdiges Gefühl da zu sitzen und zu hören, dass sie mich von nun an ganz anders betrachten würde. Für Nina war ich von diesem Augenblick an reich und glücklich. Und ich kaufte ihr ab, dass sie so etwas konnte. Dass sie etwas sehen konnte, das nicht da war. Schließlich hatte sie eine Menge Fantasie. Das war wirklich *wirklich* ein seltsames Gefühl. Und es ließ mich nicht mehr los. Wir beendeten das Thema erst einmal und machten an dem Buch weiter. Und immer, wenn sie mich ansah, hatte sie diesen merkwürdigen Blick. Vielleicht habe ich es mir auch nur eingebildet, aber es kam mir so vor, als würde sie mich *anders* ansehen, als sonst. Und das verwirrte mich völlig. Was sah sie, wenn sie mich jetzt ansah? Ich konnte einfach nicht aufhören darüber nachzudenken.

In den nächsten Tagen sah ich Nina nicht, aber sie war ständig in meinem Kopf. Ich fragte mich, was sie gerade machte, ob sie gerade visualisierte und mich reich und glücklich erschuf, ob sie Power-Euphoria spielte oder eins ihrer anderen Euphoria-Spiele, um ein anderes Leben für mich zu erschaffen, ob sie mich gerade durch die Gegend tanzen sah, ob sie mich glücklich lachen sah, ob sie sah, wie ich Geld ausgab … viel Geld. Es wurmte mich. Und ich fragte mich, was wohl geschehen würde, wenn sie das tatsächlich tat und das, *was* sie da tat, tatsächlich Einfluss auf mein Leben hatte? Ich hielt fast ständig Ausschau nach irgendwelchen Veränderungen an mir oder in meinem

Leben. Und es fielen mir tatsächlich einige Dinge auf. Irgendwie hatten auf einmal alle Menschen um mich herum bessere Laune. Angefangen bei meinem Mann, über meine Kinder, bis hin zu den Menschen, die mir beim Einkaufen begegneten. Das führte natürlich dazu, dass ich selbst bessere Laune hatte. Das passiert ja automatisch, wenn man überall angelächelt wird. Ich war mehrmals erstaunt darüber, was ein simples Lächeln bewirken konnte. Es geschahen auf einmal viele kleine Dinge, die mich glücklich machten. Zum Beispiel schenkte meine Tochter mir ein Buch über die 50er Jahre, das ich noch nicht besaß. Einfach so. Die Sonne schien öfter, die Vögel zwitscherten hübscher, im Radio kam bessere Musik ...

Oder fiel mir das alles einfach nur intensiver auf? Ich kann es bis heute nicht sagen. Ich weiß nur, dass ich in diesen Tagen glücklicher war, als vorher. Und ich konnte es nicht erwarten Nina darauf anzusprechen. Ich wollte wissen, was sie getan hatte. Aber das nächste Treffen ließ auf sich warten. Es verging eine Woche, in der ich nichts von ihr hörte. Und je mehr Zeit verging, umso mehr Dinge geschahen, die seltsam positiv waren. Zwar waren es hauptsächlich Kleinigkeiten, aber diese summierten sich und wurden zu einer glücklichen Stunde, zu einem glücklichen Vormittag, einem glücklichen Tag und schließlich zu einer glücklichen Woche. In dieser Woche bin ich tatsächlich glücklicher gewesen, als all die Jahre zuvor. Selbst, wenn es nur ein dummer Witz im TV war oder eine Dokumentation über mein Lieblingsreiseziel, ein kleiner Vogel auf der Wiese, ein nettes Wort von jemandem, ein Lächeln, ein ulkiger Versprecher oder ein paar Stunden, in denen ich in meiner Kindheit geschwelgt und an meinem Buch weitergeschrieben habe, das alles machte mich glücklich. Glücklicher als sonst. Als ich aber am Ende der Woche beim Kochen vor mich hin summte, wurde es mir unheimlich. Ich konnte mich nicht daran erinnern, wann ich das letzte Mal gut gelaunt vor mich hin gesummt hatte.

Bald darauf meldete sich Nina endlich und die Woche darauf trafen wir uns wieder. Ich erzählte ihr sofort von meinen Erlebnissen und hängte gleich die Frage an, was um Himmels Willen sie da gemacht hatte. Doch ihre Antwort war ziemlich ernüchternd.

»Gar nichts.«

»Wie, gar nichts?«, hakte ich nach.

»Na, gar nichts.«

»Aber, ... du hast doch gesagt ...«

Da grinste sie auf einmal wie ein Schelm.

Ich wusste nicht, ob ich jetzt empört sein sollte. »Ich habe die ganze Woche überlegt, was du wohl gerade wieder euphorianisches mit mir anstellst und immer nach den Auswirkungen deiner Visualisierungen Ausschau gehalten.« Und dann stockte ich. Langsam begriff ich, worauf das hinaus lief. Sie hatte mich absichtlich hinters Licht geführt.

»Ich hatte keine Ahnung, ob das funktionieren wird«, erklärte sie, »aber ich dachte, wenn du davon ausgehst, dass jemand *Anderes* Glück für dich erschafft, könntest du eher daran glauben. Und wie es aussieht, hat es geklappt. Jetzt kannst du zumindest nicht mehr behaupten, dass du dein Leben nicht verändern kannst, denn du *hast* es ja in dieser

25

Woche verändert.« Sie lachte zufrieden.

Ich blickte zurück und ließ die Woche Revue passieren. Auf einmal kamen mir die vielen Glücksmomente wie ganz normale Alltagssituationen vor – es war nichts Besonderes mehr daran. Vielleicht wären sie auch passiert, wenn ich nicht davon ausgegangen wäre, dass Nina da ihre Finger im Spiel hatte. Aber trotzdem musste ich mir eingestehen, dass ich in dieser Woche glücklicher gewesen war. Vielleicht zum Teil deswegen, weil ich in dieser Woche einfach nach anderen Dingen Ausschau gehalten hatte. Und vielleicht auch, weil ich *erwartet* habe, dass etwas Positives mit meinem Leben passieren würde. Sie hatte Recht. Ich hatte schon irgendwie daran geglaubt. Und auch, wenn der Zauber jetzt dahin war, weil ich jetzt wusste, dass mein Glaube falsch gewesen war, hatte er etwas bewirkt. Er hatte mich glücklich gemacht. *Ich* hatte mich glücklich gemacht. Mir wurde klar, dass es völlig egal war, woran man glaubte. Es hätte wohl auch funktioniert, wenn sie mir eingeredet hätte, dass ein Luftballon Glück in meinem Leben bewirken könnte. Wahrscheinlich hätte sie mir alles Mögliche einreden können, nur eben nicht, dass ich *selbst* in der Lage war, Glück für mich zu erschaffen. Aber genau das hatte ich getan. *Ich* hatte das bewirkt. *Ich* hatte mich in dieser Woche glücklich gemacht. Niemand sonst. Das musste ich erst mal verdauen. Aber Nina ließ mir keine Zeit dazu.

»Also, wenn du dich glücklich machen kannst«, fuhr sie fort, »kannst du dich auch reich machen. Ist dasselbe Prinzip.«

Okay, ich gebe zu, ich habe mir wahrscheinlich tatsächlich

Glücksmomente angezogen. Kleine Situationen, die mich glücklich gemacht haben und die kein Ende nehmen wollten, aber Reichtum? Das war doch etwas ganz Anderes. Es war etwas Materielles. Und mein Armutsglaubenssatz war mindestens zehn mal so hartnäckig wie mein Glaubenssatz Glück nicht zu verdienen.

»Okay, dann probiere es doch einfach aus«, entgegnete Nina darauf. »Ich wette, dass du es schaffen kannst dein Leben komplett umzukrempeln und dir Glück und Reichtum zu erschaffen. Wenn du es nicht schaffst und ich Unrecht hatte, musst du dir von mir nie wieder einen schlauen Spruch anhören. Dann verkünde ich öffentlich, dass Euphoria doch nicht so einfach ist, wie ich glaube.«

Das waren große Worte. »Und wenn ich es doch schaffe?«, fragte ich vorsichtig. Ja, was dann? Wenn ich es wirklich schaffen würde mir Glück und Reichtum zu erschaffen (ich konnte mir in diesem Moment nicht einmal genau vorstellen, wie das aussehen würde), dann würde ich ausflippen vor Freude! Dann würde ich endlich so leben können, wie ich es wollte. Ich würde es in die Welt hinaus posaunen, sagte ich ihr.

»Ich nehm dich beim Wort«, entgegnete Nina auf einmal und reichte mir die Hand. »Solange wir an deinem Buch arbeiten, spielen wir Euphoria und krempeln dein Leben um. Wenn wir es schaffen, posaunst du es in die Welt hinaus. Wenn nicht, posaune ich es hinaus.«

Ich nahm es nicht wirklich ernst, aber ich schlug ein. Es konnte ja nicht schaden, während wir an meinem Buch arbeiteten, Euphoria zu spielen. Es würde zumindest Spaß machen. Und vielleicht würde sich ja wenigstens ein wenig an meinem Leben ändern. Ich erwartete nicht den großen Reichtum, aber ich glaubte schon daran, dass es etwas bewirken würde. Ich war offen für alles und ehrlich gesagt war ich gespannt, was in den nächsten Wochen passieren würde. Es war für mich eine Art Experiment, was ich mit Euphoria bewirken konnte. Ich ahnte natürlich noch nicht, dass sich mein Leben um 180° drehen würde. Hätte ich es geahnt, hätte ich es schon viel früher getan und nicht erst gewartet, bis mich jemand mit einer Wette quasi dazu »drängt«.

An diesem Tag begann das Experiment. Wir fingen mit der ersten Spielregel an. Und diese war für mich immer die härteste gewesen. Was durch die erste Spielregel in den darauffolgenden Wochen mit mir geschah und was das Spiel im weiteren Verlauf bewirkte, möchte ich euch in diesem Tagebuch erzählen.

Das Experiment beginnt

Woche 1

Akzeptanz der Vergangenheit

Die erste Spielregel war mir immer am schwersten gefallen, weil sie völlig meinem Kampfgeist widerspricht. Ich konnte mich nicht damit anfreunden, etwas zu akzeptieren, das mich zutiefst verletzte, obwohl ich verstand, dass ich die Dinge durch Ablehnung nur stärker mache. Aber zum Beispiel etwas aus meiner Vergangenheit anzunehmen, das mein Leben zerstört hatte, war für mich einfach nicht machbar. Ich wehrte mich mit jeder Faser dagegen und kam gegen diesen Kampfgeist in mir nicht an. Etwas in mir lehnte sich allein schon gegen die *Idee* auf, all die schrecklichen Dinge, die mir widerfahren waren, zu akzeptieren. Aber ich wusste, dass ich irgendeinen Weg finden musste. Sonst würde ich »Euphoria« nicht richtig spielen können. Es führt kein Weg an der ersten Spielregel vorbei, hatte Nina gesagt. Und das war mir auch klar. Wenn ich weiterhin alles bekämpfte, ob es nun die Vergangenheit oder die Gegenwart war, würde ich meinen Fokus nie von den negativen Dingen meines Lebens abwenden können. Aber genau das musste ich, um mein Leben zu ändern.

Je mehr ich versuchte einen Weg zu finden, wie ich akzeptieren konnte, umso mehr Dinge fielen mir ein, die ich ablehnte. Aus heiterem Himmel kamen mir Erinnerungen in den Sinn, die schon ganz weit weg gewesen waren. Jetzt tauchten sie auf einmal wieder auf. So, als wollte ich mich mit aller Macht gegen die Akzeptanz wehren und absichtlich alle Geschütze auffahren, die ich hatte. Da kam mir auf einmal der kleine Junge in den Sinn, auf den ich als Kind immer aufgepasst hatte. Ich hatte ihn geliebt. Über alles geliebt. Doch eines Tages war er von einem Auto überfahren worden und von einem Moment auf den nächsten aus meinem Leben verschwunden. Dieser Verlust hatte mir so sehr weh getan, dass ich das Gefühl gehabt hatte daran zu zerbrechen. Ich war selbst noch ein Kind gewesen. Wie erträgt ein Kind so etwas? Dieses Erlebnis war ein tiefer, negativer Einschnitt in mein Leben gewesen. Und diesen, sowie noch hundert andere Erinnerungen, die sich in meinem Kopf den Rang abliefen, musste ich jetzt akzeptieren? Wie sollte ich das machen? Wie sollte ich mich *nicht* dagegen wehren, dass ich als Kind und auch als erwachsene Frau blau geschlagen worden war? Ich versuchte es. Aber es gelang mir nicht. In den nächsten Tagen kamen so viele Erinnerungen in mir hoch, dass ich es kaum aushielt. Ich tat alles, um die Bilder in meinem Kopf zu verdrängen. Ich lenkte mich ab, schrieb an meinem Buch weiter, hörte schöne Musik und ging meinen Hobbys nach. Ich wollte das glückliche Gefühl wieder haben, das ich in der Woche davor gespürt hatte. Aber es passierte genau das Gegenteil. Mein Mann bekam natürlich mit, dass etwas mit mir nicht stimmte, aber ich konnte nicht einmal darüber reden. Mir kamen sofort die Tränen. Abends weinte ich in mein

Kopfkissen und schließlich gab ich auf. Ich *konnte* nicht akzeptieren. Es war einfach unmöglich für mich.

Bei meinem nächsten Treffen mit Nina war das erste, das ich sagte: »Das funktioniert nicht. Lass uns aufhören.« Sie hatte mir nur eine Aufgabe gegeben: *Nimm immer wieder deine Vergangenheit an.* Aber ich war gescheitert. Ich schaffte nicht einmal diese erste Aufgabe. Ich war ein hoffnungsloser Fall. Als sie fragte, warum ich aufhören wollte, erzählte ich ihr von meinen letzten Tagen und den Erinnerungen, die ununterbrochen in mir hochkamen und mich anscheinend vom Akzeptieren abhalten wollten. Und während ich erzählte, kamen mir erneut die Tränen.

»Stopp«, sagte sie irgendwann.

Ich sah zu ihr auf und stellte erschrocken fest, dass ihre Augen ebenfalls wässrig waren. Ich entschuldigte mich sofort. Ich wusste, dass sie sehr empathisch ist und ihr Gefühle von anderen Menschen ungefiltert um die Ohren fliegen. Das hatte ich nicht beabsichtigt. Ich wischte mir schnell das Gesicht trocken, atmete tief ein und versuchte zu grinsen. Das musste allerdings so dämlich und künstlich ausgesehen haben, dass sie auf einmal lachen musste.

»Ich meinte nicht, dass du aufhören sollst zu weinen«, sagte sie kichernd und wischte sich eine Träne aus dem Augenwinkel. »Du hast das nur total falsch angefangen. Das soll doch keine Therapie werden, sondern ein Spiel.«

Ich verstand, was sie meinte, aber es war eben nicht so spielerisch für mich, meine Vergangenheit zu akzeptieren. Das war eher ein unüberwindbarer Berg!

»Also erstens«, fing sie an zu erklären, »hast du das

Akzeptieren *beabsichtigt* und es nicht *getan*. Das hat natürlich alles Mögliche auf den Plan gerufen, damit du weiterhin *beabsichtigen* kannst. Und zweitens«, fuhr sie fort, »wehrst du dich total gegen die Akzeptanz, weil du das Gefühl hast, dass du dich dadurch geschlagen gibst und allen, die dir je etwas Schreckliches angetan haben, Recht gibst.«

Ich fiel aus allen Wolken. Volltreffer! Ihre Worte trafen mich genau da, wo es weh tat. Ich hatte tatsächlich das Gefühl, als würde ich meinen Peinigern Recht geben, wenn ich ihre Taten akzeptierte. Das war für mich so, als gäbe ich Ihnen einen Freibrief mich weiterhin quälen zu können, weil ich es ja zuließ.

»Ein Kampf bedeutet für dich, dich zu verteidigen und zu beschützen. Das ist ein Akt der Selbstliebe. Zu akzeptieren würde für dich heißen, diese Verteidigungsmauer einzureißen und kampflos zuzulassen, dass dich jemand schlecht behandelt. Das würde dein Selbstwertgefühl zerschmettern, so wie damals. Um das zu verhindern, bleibst du im Kampfmodus, damit dir nie wieder so etwas angetan werden kann.«

Es war mir ein Rätsel, wie sie das alles wissen konnte. Sie hatte genau ins Schwarze getroffen. Es war mir nie so bewusst gewesen, aber sie hatte Recht. Es fühlte sich *genau so* an.

»Aber Akzeptanz bedeutet nicht *zu*lassen«, fuhr sie fort, »es bedeutet *los*lassen. Hattest du schon mal so eine richtige Scheißegal-Laune?«

Ich guckte sie verdattert an. »Was?«

»Ja, so eine Laune, wie: Leck-mich-doch-am-Arsch-undlös-dich-auf!«

Jetzt war ich es, die loslachen musste. »Lös dich auf??«

»Naja«, lachte Nina, »so eine Leck-mich-Laune eben.« Ich überlegte amüsiert und fand ein paar Momente in meiner Erinnerung, in der mich meine Kräfte verlassen hatten und mir alles egal gewesen war. Meist waren das aber Nervenzusammenbrüche gewesen. Aber das machte nichts, meinte Nina.

»Bei Nervenzusammenbrüchen lässt man wenigstens endlich mal alles los. Da wird man quasi körperlich zu gezwungen.«

»Na toll«, entgegnete ich. »Also muss ich jetzt einen Nervenzusammenbruch haben, um akzeptieren zu können?«

Nina lachte wieder. »Bitte nicht«, sagte sie. »Sonst brechen wir gemeinsam zusammen. Nein, du sollst dich nur an das Gefühl des Loslassens erinnern. Bei so einer Leck-mich-Laune ist das ziemlich intensiv. Versuchs doch mal. Sag deiner Vergangenheit, sie kann dich mal kreuzweise ...«

Ich musste schon wieder lachen. Aber vor Verlegenheit. Ich benutze nie Kraftausdrücke und es war mir unangenehm auf die Art meine Vergangenheit loszulassen. Aber Nina hatte das scheinbar ganz gut drauf. »Ich kann das nicht«, sagte ich verlegen.

»Du *traust* dich nicht!«

Empört sah ich sie an. »Doch, ich traue mich. Ich will nur nicht.«

»Du traust dich nicht«, beharrte sie.

»Ich traue mich!«

»Na los, dann mach! Was ist denn schon dabei? Du

drückst nur deine Gefühle aus. Deine Vergangenheit kotzt dich doch an, oder nicht?«

Ich nickte verstört.

»Na dann sags ihr!«

Ich zögerte noch einen Moment. Dann sprang ich aber über meinen Schatten. Ich wollte mir von niemandem sagen lassen, dass ich feige war. »Du ... kotzt mich an«, sagte ich so leise zum Fußboden, dass ich mich nicht mal selber sprechen hörte.

»WAS?«, rief Nina durch die Küche und hielt sich die Hand hinter das Ohr.

Ich lachte. »Du kotzt mich an!«

Als Nina grinsend den Daumen hob, war ich wirklich etwas stolz auf mich. Und ich muss sagen, dass es irgendwie gut getan hat so etwas zu sagen. Nicht wegen der Worte, sondern wegen des Gefühls dahinter. Es war ein *ehrliches* Gefühl. Und ich hatte diesem ehrlichen Gefühl einen ehrlichen Ausdruck gegeben. Akzeptanz beginnt dann, wenn wir anfangen unsere Gefühle anzunehmen, hatte Nina daraufhin erklärt. Denn, wenn wir unsere Gefühle annehmen, nehmen wir auch uns selbst an. Und dann ist die Akzeptanz der Situation, die diese Gefühle hervorgerufen hat, nicht mehr weit.

»Soll ich deiner Vergangenheit mal erzählen, was *ich* von ihr halte?«, fragte Nina jetzt belustigt.

Ich nickte gespannt. Aber, als sie loswetterte, flogen mir fast die Haare weg! Ich schreibe lieber nicht auf, was sie für Kraftausdrücke verwendet hat. Sie hat sich richtig ausgelassen! Und es war nicht nur lustig, sondern auch inspirierend. Ihr nur zuzuhören hat eine befreiende Wirkung gehabt. Ich hätte am liebsten mitgemacht, aber soweit war ich noch nicht. Dachte ich.

Nina riet mir, meinen Gefühlen schriftlich Ausdruck zu verleihen, wenn ich sie nicht aussprechen konnte. Dafür kaufte ich mir noch am selben Tag ein Notizbuch. Es war rot. Es sollte mein persönliches Emotionsbuch sein, eine Art Ventil, über das ich alles heraus ließ, was sich über die Jahre an Emotionen in mir angestaut hatte. Am Abend wollte ich schon damit beginnen, aber mir fiel kein einziges Gefühl ein, das ich in diesem Moment ausdrücken wollte oder konnte. Ich versuchte die Gefühle zu finden, aber ich hatte sie wohl gut versteckt. Bestimmt eine Stunde saß ich mit Stift in der Hand über dem Buch und überlegte. Mehr und mehr wurde mir bewusst, dass ich mir meine Gefühle nicht erlaubte. Ich hatte sie mein ganzes Leben lang weggeschlossen, weil sie einfach zu schmerzhaft waren. Die starke Wut und die tiefe Traurigkeit hatte ich nie wirklich zugelassen. Ich verbot mir diese Gefühle, weil ich wusste oder spürte, dass sie mich überwältigen würden, wenn ich die Tür zu ihnen auch nur einen kleinen Spalt öffnete. Ich saß noch eine Weile so da, doch ich traute mich erst am nächsten Tag einen Funken Wut aus mir herauszulassen. Ich schrieb ihn in das Buch. Und zwar genauso, wie er sich anfühlte. Ich wählte die Worte, die das Gefühl am ehesten trafen und diese Worte waren nicht schön. Im Gegenteil. Aber auch das wollte ich zulassen und mir erlauben. Ich sagte mir die ganze Zeit, dass ich wütend sein *durfte*. Niemand konnte mir das verbieten und es konnte auch niemand ein Urteil darüber fällen. Denn erstens war niemand da, der es mitbekam und zweitens war meine Wut berechtigt. Alle meine Gefühle waren das. Sie hatten ihren Grund. Eine Ursache.

Während ich schrieb wurde mir immer bewusster, dass es in Ordnung war all diese negativen Gefühle zu haben. Es war in Ordnung ihnen Ausdruck zu verleihen und es war in Ordnung böse Worte dafür zu verwenden. Ich tat ja niemandem damit weh. Auf einmal gelang es mir recht gut meine Gefühle auszudrücken. Ich wollte gar nicht mehr damit aufhören. Manche Worte und Sätze wiederholte ich mehrere Male, weil sie sich einfach so ehrlich und gut anfühlten. Ich wiederholte sie so lange, bis all meine Wut in die Worte hinein geflossen und aus mir draußen war. Dieser schriftliche Wutausbruch fühlte sich unglaublich an. So befreiend! Danach hatte ich ein Gefühl, als habe mir jemand einen riesigen Steinbrocken von den Schultern genommen. Und dabei hatte ich einfach nur einmal »gesagt«, wie wütend ich bin. Über mein Leben, über meine Vergangenheit und über all die Dinge, die mir widerfahren waren. Es war ein wunderbares Gefühl gewesen.

Dieses kleine Ritual wiederholte ich in dieser Woche jeden Abend. Jedes Mal nahm ich mir ein anderes Gefühl vor. Wenn mir danach war, beschimpfte ich auch meine Gefühle, weil sie mir auf den Keks gingen und ich sie nicht mehr fühlen wollte oder weil ich Angst vor ihnen hatte. Ich sagte ihnen, was ich von ihnen hielt, so wie Nina es mir gezeigt hatte und es war in Ordnung für mich so zu denken und zu fühlen. Wenn ich ihnen das gesagt hatte, erzählte ich den Situationen, die diese Gefühle in mir hervorgebracht hatten, was ich über sie dachte. Ich fluchte, ich schimpfte, beleidigte, schnauzte, meckerte, jammerte ... Und ich wurde immer besser. Jeden Tag.

Es war in der zweiten Woche, als ich schließlich an einem Punkt war, an dem ich an einen wütenden Satz anfügte: »Und jetzt leck mich verflucht noch mal am ... Mach doch was du willst. Von mir aus sei da oder nicht da. Mir egal.« In diesem Moment spürte ich das erste Mal, dass ich etwas losgelassen hatte. Ich wusste nicht, was es war, aber ich hatte es losgelassen. Es war mir egal, ob es noch da war oder nicht. Ich war an diesem Abend sehr müde und wollte die Übung einfach nur beenden. Ich war es leid zu fluchen und zu leiden und es war auch nicht mehr so viel Kraft hinter meinen Flüchen. Irgendwie war die Luft raus. In diesem Moment fühlte es sich so an, als würde es einfach davon fliegen. Und mit einem Mal wurde mir auch klar, was Loslassen wirklich bedeutete. Man schloss Frieden und erlaubte es der Sache zu *gehen*. Es war wirklich das Gefühl, als *erlaubte* ich der Sache, aus meinem Leben zu verschwinden. Und das tat sie auch. Sie verschwand. Einfach so. Ohne, dass ich sie bekämpfen musste. Nach eineinhalb Wochen schriftlichen Gefühlsausbrüchen konnte ich endlich akzeptieren. Nachdem ich meine Gefühle angenommen und ihnen Ausdruck verliehen hatte. Es war wie ein Wunder.

Woche 2

Die Akzeptanz der Gegenwart

Mein Erfolg in der ersten Woche motivierte mich dazu auch all die anderen Dinge in meinem Leben zu akzeptieren, die ich nicht mochte. Ich hatte mich hauptsächlich auf meine Vergangenheit konzentriert, aber ich wollte auch all die Dinge in meiner Gegenwart akzeptieren, denn ich wusste ja, dass ich sie sonst nicht ändern können würde. Besonders meine finanzielle Situation wollte ich ändern. Aber gerade diese bekämpfte ich mit Händen und Füßen. Ich fing wieder mit den Gefühlen an, die in mir durch die finanzielle Situation hervorgerufen wurden, und verlieh ihnen Ausdruck. Ich schrieb wieder in mein rotes Buch und erzählte ihm, wie sehr es mich nervte, dass ich schon mein ganzes Leben lang arm war und ich mir nie etwas leisten konnte. Aber das zeigte irgendwie nicht den gewünschten Effekt. Vermutlich lag es daran, dass ich auch in meinem Alltag über diese Situation fluchte. Es war also nichts Neues. Diesen Gefühlen verlieh ich schon längst Ausdruck. Und zwar täglich. Mit der Akzeptanz dieser Gefühle hatte ich wohl keine Schwierigkeiten. Aber mit der Situation sehr wohl. Ich fragte Nina um Rat und hier begann ich zum ersten Mal unsere Gespräche in mein rotes Buch zu notieren, weil ich nichts vergessen wollte.

»Ich glaube«, sagte sie, »dass du deine Gefühle nicht wirklich akzeptierst. Du lehnst sie eher ab, weil sie sich so schrecklich anfühlen. Du willst sie nicht haben und regst dich deswegen über die Situation auf, weil sie dir schlechte Gefühle macht. Aber die Gefühle, die durch die Situation hervorgerufen werden, musst du annehmen, dann kommst du dem Akzeptieren der Situation auch näher.«

Es war wirklich ein schreckliches Gefühl, nichts zu haben. Nicht richtig leben zu können, weil man nicht einmal genug Geld hatte, um sich anständige Lebensmittel zu kaufen. Ich war diese Armut zwar gewöhnt, weil ich sie schon mein ganzes Leben lang kannte, aber ich hasste sie nach wie vor. Und je länger ich so leben musste, umso mehr hasste ich es. Es machte mich wütend, dass ich mir nicht einmal eine neue Hose kaufen konnte. Die einzige Hose, die mir passte, fiel schon langsam auseinander. Ab Mitte des Monats aßen wir nur noch Brot. Keine warmen Mahlzeiten, nichts Gesundes, das uns mit ein paar Vitaminen versorgte. Tatsächlich lebten wir ein wirklich armseliges Leben. Es reichte nicht einmal für das Nötigste. Ich hatte diese Armut so satt und ja, ich bekämpfte sie mit allen negativen Gefühlen, die ich aufbringen konnte und ich kämpfte auch gegen die Gefühle selbst. Ich hasste diese Gefühle und ich hasste diese Armut. Es gab kaum etwas, das ich mehr hasste. Ich wollte einfach nur leben. Mal irgendwo einen Kaffee trinken gehen. Aber nicht einmal das war drin. Denn, wenn ich mir einen Kaffee außer Haus leistete, fehlte es mir am Brot.

Als mir Nina sagte, ich solle genau *diese* Gefühle annehmen, wurde mir erst so richtig bewusst, wie schlecht es mir ging. Und wie *lange* es mir schon so schlecht ging. Das deprimierte mich. Aber bevor ich zu weit in diese Depression absinken konnte, tat Nina genau das, was ich eigentlich in diesem Moment hätte tun sollen. Sie drückte *meine* Gefühle aus. Und sie drückte sie so aus, als wäre sie ich. Sie sagte mir, wie unglücklich sie diese Situation machte und wie traurig sie darüber war, dass sie nicht richtig leben konnte. Sie drückte ihre Wut aus und sie wurde dabei so emotional, dass ihr die Tränen in die Augen traten. Es war fast, als würde sie mich spielen. Wie in einem Theaterstück, in dem sie meine Rolle übernahm. Ich habe am Abend nicht alles niedergeschrieben, was sie gesagt hat, weil ich mich nicht mehr an den genauen Wortlaut erinnern konnte, aber die letzten Sätze hafteten mir noch im Bewusstsein:

»Es macht mich so traurig, dass es körperlich weh tut und es ist verflucht noch mal okay, dass ich so fühle. Ich darf traurig sein. Und wütend. Meine Gefühle sind okay. Sie haben eine Ursache. Genauso, wie diese Situation. Und wer oder was auch immer diese Situation verursacht hat, ob ich das selbst war oder jemand oder etwas Anderes, es ist jetzt so, wie es ist. Schwamm drüber.«

Während sie geredet hatte, kam ich nicht umhin, zu *fühlen*, was sie da in diesem Moment sagte. Sie wählte genau die Worte, die in mir Anklang fanden und so drückten wir diese Gefühle gemeinsam aus, ohne, dass ich auch nur ein Wort sagte. Ich musste nur zusehen, wie es jemand tat und tat es dabei selbst. Und sie hatte so Recht. Diese Situation war durch Ursachen entstanden. Genauso, wie meine Gefühle dazu. Durch verschiedene Umstände und Menschen war diese Armut entstanden und ja, sie war immer noch da, weil diese Ursachen immer noch wirkten. In mir und wahrscheinlich auch in den Menschen um mich herum. Es gab also eine Menge Gründe dafür, warum alles so war, wie es war. Ich glaube, als ich an diesem Abend in mein rotes Buch schrieb, habe ich zum ersten Mal meine Armut angenommen. Es kam mir auf einmal sinnlos vor, mich dagegen zu wehren, obwohl da immer noch eine Stimme in mir war, die sagte: »Wenn du dich nicht wehrst, wirst du verletzt.« Aber sie war leiser als sonst. Nicht mehr so aufdringlich.

In der zweiten Woche verbrachte ich die Abende damit, meine momentane Situation anzunehmen. Ich akzeptierte zuerst meine Gefühle dazu, indem ich ihnen Ausdruck verlieh und dann nahm ich die Situation an. Immer wieder sagte ich mir, dass es Ursachen für diese Situation gab. Und wenn mir diese Ursachen nicht gefielen, nahm ich auch das an. Manchmal war es eine unendliche Spirale, in der ich von einer Sache auf die nächste kam, die ich annehmen wollte und nicht selten musste ich weinen. Aber ich fühlte mich von Tag zu Tag besser.

Am Ende dieser zwei Wochen, in denen ich eigentlich nichts weiter getan habe, als jeden Abend meine Gefühle auszudrücken und zu akzeptieren, zog ich mein erstes Fazit. Ich schrieb es ebenfalls in mein rotes Buch, das sich mittlerweile zu einem Tagebuch entwickelt hatte.

In diesen zwei Wochen der Akzeptanz habe ich gelernt, dass ich sehr wohl dazu in der Lage bin, Dinge anzunehmen, von denen ich zuvor geglaubt habe, es sei mir unmöglich.

Allein eine andere Betrachtungsweise der Akzeptanz an sich hat mir diese Türen eröffnet. Zu erkennen, dass Akzeptanz nicht bedeutet, sich etwas gefallen zu lassen oder im Allgemeinen etwas *zu*zulassen, war für mich ein Meilenstein. Akzeptanz bedeutet *los*lassen. Etwas gehen lassen. Und es fühlt sich auch genauso an. Es ist eigentlich nur ein Erkennen einer Sache. Ich habe mir die Dinge angesehen, die ich nicht akzeptieren konnte und habe zu ihnen gesagt: »Du bist so. Du bist da.« Mehr habe ich nicht getan. Dieses simple Erkennen hat zum Loslassen geführt. Ich hätte mir nie träumen lassen, dass es so leicht ist. Das, was es einem schwer macht, was es *mir* so schwer gemacht hat, war die Tatsache, dass ich mich dagegen gewehrt habe. Als ich damit aufgehört habe, wurde es leicht.

Nina erklärte mir später noch, dass man die Akzeptanz auch rein körperlich vollziehen könne, denn Akzeptanz ist ja ein Gefühl. Sie muss also hauptsächlich *gefühlt* werden. Das geht auf verschiedene Weise. Zum Beispiel mit der Akzeptanzatmung, die Nina in einem ihrer Bücher beschreibt. Ich habe sie nie so richtig hinbekommen, diese spezielle Atmung, weshalb Nina sie mir einmal gezeigt hat. Und sie zu sehen ist ein wirklich ganz anderes Erlebnis, als darüber zu lesen. Obwohl man nicht wirklich viel sehen kann, denn bei dieser Atmung scheint sich der Brustkorb nicht sehr stark zu bewegen. Nina atmete dabei zwar tief ein, aber die Luft schien dabei in ihrem ganzen Körper zu verschwinden und nicht nur in ihren Brustkorb. Sie erklärte es so, dass man beim Einatmen tief nach unten atmen solle. (Dabei fühlt es sich tatsächlich so an, als würde die Luft bis in den Steiß sinken.) Während ich sie beim Atmen beobachtete, fiel mir auf, wie sanft ihre Atmung war. Sie war so weich, dass man den Übergang vom Einatmen zum Ausatmen (und umgekehrt) gar nicht wahrnahm. Nach ein paar Atemzügen fing sie auf einmal an zu lächeln. Sie sah so selig aus, dass es regelrecht ansteckend war. Auf meine Frage hin, was gerade passiert war, erklärte sie, dass diese Atmung bei ihr mittlerweile einen rapiden Energieanstieg auslöse. Und das sah man ihr wirklich an. Als ich es ihr nachmachen wollte, sagte sie, ich solle meinen Finger zur Hilfe nehmen und in der Luft eine senkrechte Linie zeichnen, während ich atmete. Erst einmal sollte ich ganz normal atmen und dabei mit dem Finger auf der Linie oben ankommen, wenn ich kurz davor war wieder auszuatmen. Umgekehrt sollte ich mit dem Finger unten ankommen, wenn ich fertig ausgeatmet hatte und wieder einatmen wollte. Das machte ich ein paar Mal und es funktionierte ganz gut. Dann sollte ich beim Atmen einen Kreis in der Luft zeichnen. Ich malte einen großen Kreis und war überrascht, als sich meine Atmung diesem Kreis anpasste. Sie wurde automatisch weicher. Runder. Wenn ich mit dem Finger im Kreis nach oben fuhr, atmete ich ein und wenn ich hinunter fuhr, atmete ich aus. So, wie ich es auch mit der senkrechten Linie gemacht hatte. Aber meine Atmung war ganz anders. Und sie *verschob* sich zunehmend, je länger ich den Kreis zeichnete. Auf einmal war ich mit dem Finger schon auf halber Strecke unten angekommen, atmete aber noch ein.

Gleichzeitig war ich aber gedanklich schon beim Ausatmen. Auf die Art verschmolz das Einatmen irgendwie mit dem Ausatmen an den Punkten, an denen man von Ein- zum Ausatmen wechselte. Alles wurde weicher und ich schien tatsächlich im Kreis zu atmen – ohne Anfang und ohne Ende. Meine Atmung war ein einziger Kreislauf. Kein Einatmen und Ausatmen mehr, sondern nur noch *atmen*. Und dabei spürte ich, wie ich mich völlig entspannte. Besonders mein Bauch entkrampfte sich. Ich wurde auf einmal ruhig und es war ein Gefühl, als würde sich nichts mehr an mir festhalten können. Alles floh davon. Es war ein leichtes Gefühl. Ein unbeschreiblich leichtes, fast schwereloses Gefühl. Es war unglaublich.

Nachdem ich ein paar Mal im Kreis geatmet hatte und mich so wohl dabei fühlte, dass ich selber anfing zu grinsen, sagte Nina, dass diese Atmung, in Situationen, in denen man etwas nicht akzeptieren kann, wahre Wunder wirken konnte. Und das glaubte ich ihr aufs Wort. Diese Atmung wurde zu meiner Notfallwaffe, wenn ich es mal nicht hinbekommen sollte, etwas zu akzeptieren.

Zwei Wochen allabendliche Akzeptanz hatten zu folgenden Ergebnissen geführt:

1. Es ging mir von Tag zu Tag besser. Das lag unter Anderem daran, dass ich entspannter war. Ich fühlte mich leichter, unbeschwerter, so, als würde jeden Tag ein Stück mehr Last von mir abfallen. Ich fühlte mich also emotional freier und gefestigter. Ich war nicht mehr so eingenommen von meinen negativen Gefühlen. Ich habe mehr Zeit damit verbracht kleine, glückliche Momente zu haben – ohne gleichzeitig über Sorgen nachzudenken.
2. Körperlich fühlte ich mich ebenfalls entspannter. Ich hatte kaum noch Spannungskopfschmerzen, die ich normalerweise regelmäßig habe. Mir fiel des Öfteren auf, dass ich meinen Körper nicht mehr verkrampfte oder anspannte, besonders den Bauch und das Gesicht. Ich hatte das Gefühl, freier zu atmen.
3. Die zwei Wochen verliefen ruhig, also ohne Stress oder Hektik, womit ich ansonsten zumindest alle zwei Tage zu tun habe. An meiner Lebenssituation änderte sich nichts. Aber ich fing an, sie anders zu betrachten.

Woche 3

Absichtsloses Tun

Die vergangenen zwei Wochen hatte ich ausschließlich mit dem Akzeptieren zugebracht. Ich muss gestehen, dass es zwischenzeitlich sehr schwer gewesen war, weil wirklich schlimme Traumata ans Tageslicht gekommen waren, die ich einfach nicht ansehen wollte. Phasenweise habe ich in den Nächten bitterlich geweint. Wenn ich dann aber erschöpft einschlief, ließ ich alles los. Dann war der Schmerz fort und ich war frei davon. Diese kurzen Momente nach dem Weinen und vor dem Einschlafen, haben mir die Essenz der Akzeptanz verdeutlicht. Mir wurde klar, dass es eigentlich gar nicht so schwer war. Das Problem war, dass ich mich an dem Schmerz fest hielt.

Nina sagte, im Tao nennt man das Anhaftungen. An allem, was man ablehnt und bekämpft, haftet man. Das ist ein interessantes Wort. *Haft* steht auch für *eingesperrt sein*. Interessanterweise haftet man auch an allem, was man sich wünscht bzw. an dem Wunsch selbst. Und wenn man an einem Wunsch haftet, haftet man am Mangel. Anhaftungen bringen das Leben aber zum Stocken. Sie bewirken Stillstand. Solange man an etwas anhaftet, kann es sich nicht bewegen und man steckt auch selbst in diesem Stillstand fest. Im Tao kommt man von diesen Anhaftungen los, indem man nichts mehr bekämpft und nichts mehr wünscht. Das ist dem Euphoriaspiel unglaublich ähnlich. Erst, wenn man nicht mehr anhaftet, kommt Bewegung ins Spiel. Dann fließt alles. Das, was man bekämpft, kann sich dann auflösen und das, was man sich wünscht, kann in Erscheinung treten. Aber man muss erst von der Anhaftung loskommen. Ich habe das in meinen tränenreichen Nächten erkannt. Immer, wenn ich kurz vorm Einschlafen war, habe ich diesen klebrigen Zustand aufgegeben. Und dann war auch der Schmerz sofort weg. Ich glaube, es liegt nur an einem selbst, wie schwer oder wie leicht das Loslassen tatsächlich ist. Für die meisten Menschen – wie auch für mich – ist es schwer, weil sie den Schritt nicht wagen. Sie verbinden mit dem Loslassen einen Verlust oder Resignation. Aber wenn man das Loslassen in so kleinen Momenten betrachtet, merkt man, dass es 1. gar nicht schlimm ist loszulassen und 2. es nicht im Geringsten schwer fällt.

Und trotzdem hatte ich weiterhin ein wenig Schwierigkeiten damit, was wohl an der Gewohnheit liegt. Ich bin es schon mein Leben lang gewöhnt zu kämpfen. Ich kämpfe seit meinen frühesten Kindheitstagen. Aus dieser Gewohnheit vollständig herauszukommen wird wohl einige Zeit dauern und viel konsequente Übung brauchen.

Nina fand, dass es nach zwei Wochen endlich Zeit war, *richtig* mit dem Spielen anzufangen und ich stimmte ihr zu. Ich wollte mich nicht mehr nur auf eine Spielregel konzentrieren, sondern das *ganze* Spiel spielen. Ich beschloss weiterhin meine Akzeptanzübungen in meinem roten Buch zu machen, aber jetzt nur noch nebenbei und nicht mehr hauptsächlich. Ich traf mich am Anfang der dritten Woche mit Nina in der Innenstadt, was ungewöhnlich war, denn wir beide mochten die Innenstadt nicht. Mir war es zu hektisch dort und Nina konnte Menschenmenschen auf Grund ihrer Empathie nicht ertragen. Aber sie musste einige Dinge besorgen und wollte mir außerdem etwas zeigen. Also fand unser Treffen an diesem Tag in der Innenstadt von Hannover statt, wo es wirklich sehr voll werden kann. Besonders Nachmittags.

Wir gingen zuerst durch die große Einkaufsmeile, wobei wir beide höchst angespannt und nervös waren. Überall waren laute Geräusche und unzählige Menschen, die hin und her hetzten. Ich konnte es wirklich nicht leiden. Nina wollte zu einem Buchladen und zeigte mit einem Finger darauf, also gingen wir zielstrebig darauf zu. Auf unserem Weg mussten wir ständig den Passanten ausweichen, stoppen, beschleunigen, wieder stoppen, ausweichen. Es war ein Hindernislauf, der uns regelrecht aggressiv machte. Als wir endlich vor dem Buchladen standen, holten wir tief Luft, aber wir gingen nicht hinein. Nina blieb stehen und drehte sich um, als wollte sie noch einmal durch die Menge laufen.

»Hast du gemerkt, was wir gemacht haben?«, fragte sie mich auf einmal.

Ich sah in die Menge und in mir kam sofort ein Gefühl von Kampf auf. Das sagte ich ihr auch und sie nickte.

»Auf dem Weg hierher haben wir uns durch die Menge gekämpft. Wir wollten den Weg so schnell wie möglich hinter uns bringen und den Buchladen erreichen, aber wir sind auf lauter Hindernisse gestoßen, die uns ausgebremst haben.«

Langsam wurde mir klar, was sie mit dieser Aktion bezwecken wollte. Ich folgerte: »Weil wir uns gegen den Weg aufgelehnt haben?!«

»Genau«, bestätigte sie. »Wir hassen den Weg. Die vielen Menschen, die lauten Geräusche. Dagegen lehnen wir uns auf und wollen es weg haben. So schnell wie möglich. Also beeilen wir uns, hetzten hindurch, sind dabei gestresst und genervt. Und was passiert? Genau das, was wir hinter uns bringen wollen: Mehr Menschen, mehr Geräusche, mehr Hindernisse.«

Ich vermutete, dass sie dieses Beispiel gleich auf mein Leben übertragen würde und wollte ihr zuvor kommen, indem ich sagte: »Wenn man also den Weg zum Ziel hasst, kommt man nicht richtig voran.«

Sie nickte. »Es gibt viele Wege, die zum Ziel führen. Am besten nimmt man den des geringsten Widerstandes.«

Sie zeigte jetzt auf ein Bekleidungsgeschäft auf der anderen Seite und fragte mich, wie ich mit dem geringsten Maß an Widerstand dort hin gelangen könnte. Ich überlegte, sah mir die vielen Menschen an, schaute mich nach Umwegen um, die weniger belaufen waren und zuckte dann mit den Schultern. Es war überall voll. Es gab keinen Weg, der *nicht* anstrengend für mich oder sie sein würde. Wir würden wohl wieder geradewegs durch die Menge laufen müssen. Ich deutete mit meinem Arm quer über die Einkaufsmeile.

»Wir kommen also nicht an dem Weg vorbei, der uns

ankotzt«, sagte sie.

Ich lachte. »Wohl nicht.«

»Aber wir können ihn uns angenehmer und kürzer machen.«

Jetzt war ich gespannt.

»Wo wir hin wollen, wissen wir ja«, begann sie und zeigte auf das Gebäude. »Ist ja nicht zu übersehen. Wir haben es ständig vor Augen.« Dabei deutete sie auf ihre Stirn und machte ein bedeutsames Gesicht. Ich verstand die Zweideutigkeit ihrer Worte. Sie spielte auf die Ziele an, die man im Leben verfolgte und die man immer im Kopf hatte. Im übertragenen Sinn würden sie wohl genauso zu erreichen sein, wie dieses Gebäude. »Also brauchen wir jetzt nur noch da rüber zu gehen«, fuhr sie fort. »Wir sollten nur vorher aufhören, den Weg und alles, was damit zu tun hat, zu bekämpfen.«

Hier war ich wieder an einem Punkt, an dem ich akzeptieren musste und es mir unheimlich schwer fiel. Sogar in solch einer kleinen, unbedeutenden Situation war ich eine Kämpferin. Ich lehnte die Menschenmassen ab. Sie machten mich nervös. Und die Tatsache, dass man hier nicht normal laufen konnte, sondern einen regelrechten Slalomlauf vollzog, damit man nicht umgerannt wurde, war mir ebenfalls zuwider. Aber diese Hindernisse gehörten zu meinem Weg dazu. Das musste ich jetzt akzeptieren. Und dazu brauchte ich einen Moment. Ich ging meinen gewohnten Ablauf durch. Erst mal meine Gefühle annehmen und zum Ausdruck bringen. Das machte ich gedanklich. Das bewirkte schon einmal ein wenig Entspannung. Dann nahm ich die Situation an. Die Leute waren nun mal alle da. Das war eben so. In Gedanken sagte ich so etwas, wie: »Ach, verflucht noch eins, dann sind da eben hunderttausend Leute. Na und?! Ist eben so.« In diesem Moment löste sich die Anspannung in mir. Ich zeigte meinen Daumen hoch und wir gingen los. Ganz entspannt. Und während wir so gingen, fragte Nina mich, wie es wohl wäre, wenn uns alle Leute ausweichen würden. Wenn wir völlig freie Bahn hätten. Das malte ich mir aus und fand diese Fantasie sehr angenehm. Und dann, etwa auf Mitte der Strecke, fragte sie mich plötzlich, ob ich gerade irgendeine Absicht verfolgte. Ich überlegte und sagte: »Ich beabsichtige zu diesem Geschäft zu gehen.«

»Nein, tust du nicht«, widersprach sie mir.

Ich sah sie irritiert an.

»Du *gehst* doch schon längst. Da ist keine Absicht mehr. Die hattest du eben noch, als wir dort standen. Jetzt kannst du höchstens beabsichtigen gleich in das Geschäft *hinein* zu gehen. Aber, wenn du hinein gehst, beabsichtigst du auch das nicht mehr, sondern *tust* es. Du kannst nicht beabsichtigen etwas zu tun und es gleichzeitig tun.«

Mit diesen Worten beschäftigte sie meinen Verstand so sehr, dass ich gar nicht bemerkte, dass wir den ganze Weg quer über die rappelvolle Einkaufsmeile völlig freie Bahn hatten. Kein einziges Mal lief uns jemand über die Füße, bremste uns aus oder zwang uns dazu auszuweichen, langsamer zu gehen oder schneller. Wir gingen in einem angenehmen Tempo einfach hinüber und waren ruck zuck da. Es hatte kein einziges Hindernis gegeben.

Ich glaube an diesem Tag habe ich die Absichtslosigkeit zum ersten Mal so richtig verstanden. Bis in den Abend hinein spielte ich diesen Moment in der Innenstadt immer und immer wieder in meinen Gedanken ab und fühlte dabei in mich hinein, was ich genau gemacht hatte. Ich hatte jeden Kampf aufgegeben und nichts mehr abgelehnt, sondern alles angenommen, wie es war. Dann hatte ich mir ausgemalt, wie es wäre, wenn ich freie Bahn hätte. Ich überlegte, ob ich hiermit eine Absicht verfolgt hatte, aber dem war nicht so. Es war eine Spaßvorstellung gewesen, woran wohl auch Nina Schuld gewesen war, denn sie hatte die Sache völlig ernstfrei rüber gebracht. Es war nur ein kurzes: »Wäre es nicht cool, wenn …« gewesen. Nur eine kleine Spaßvorstellung. Doch ich suchte weiterhin nach einer Absicht in mir. Hatte ich nun eine Absicht verfolgt, als wir da hinüber gegangen waren, oder nicht? Verfolgte man eine Absicht, während man etwas tat, oder nicht?

Während ich am Abend vor meinem roten Buch saß und meinen Kaffee trank, hob ich die Tasse an und überlegte dabei, ob ich gerade beabsichtigte die Tasse hochzuheben, oder nicht. Immer wieder hob ich sie an und überlegte. Ich wollte fühlen, wie es war, *keine* Absicht zu haben. Dieses Gefühl wollte ich verinnerlichen. Und ich kann solche kleinen Übungen jedem empfehlen, der die Absichtslosigkeit kennenlernen will. Einfach eine Tasse anheben und dabei überlegen, ob man gerade beabsichtigt sie hochzuheben, oder nicht. Dadurch wurde mir erst so richtig bewusst, dass

Nina Recht hatte. Wenn man es *tut*, beabsichtigt man es nicht mehr. Das ist ja vom Verstand her eigentlich logisch. Aber es auch so zu fühlen ist etwas Anderes. Ich machte solche kleinen Übungen die ganzen nächsten Tage. Ich ging einkaufen und fragte mich, ob ich gerade beabsichtigte einzukaufen, oder es *tat*. Für den Verstand ist das eine total hirnrissige Frage, aber für das Gefühl ein neues Erlebnis, denn diese Frage hat noch einen Nebeneffekt. Man ist ganz und gar präsent im Hier und Jetzt. Man fragt sich, was man gerade macht: *Beabsichtigt* oder *tut* man? Und dann landet man genau da, wo man sein sollte. Hier und jetzt. Das ist ein wunderbares Gefühl. In diesen Tagen war ich also ständig im Hier und Jetzt und habe nicht beabsichtigt, sondern getan. Und dabei fiel mir auf, dass eine Absicht wirklich nur ein ganz kleiner, unbedeutender Moment ist. Man beabsichtigt etwas und dann tut man es. In einer Absicht verharrt man nicht lange. Einmal beabsichtigt, weiß man, was zu tun ist und dann tut man es einfach. Ob später oder sofort spielt keine Rolle. Eine Absicht braucht man nur *einmal* zu treffen.

Diese kleinen Übungen haben mir das Euphoria-Spiel erst so richtig nahe gebracht. Vorher wusste ich nicht, wie man etwas *nicht* beabsichtigen sollte. Jetzt wusste ich, dass eine Absicht schon okay war, wenn man auch wieder aus ihr heraus trat und das, was man beabsichtigte auch *tat*. Sonst würde es immer beim Beabsichtigen bleiben. Ich dachte viel darüber nach. In der Innenstadt, als wir über die Einkaufsmeile gegangen waren, hatte ich ein perfektes

Euphoria-Spiel geliefert. Ich hatte weder bei meiner Visualisierung noch beim Gehen eine Absicht verfolgt und ich hatte auch nicht gekämpft. So, wie ich es dort in der Stadt gemacht hatte, musste ich es auch bei anderen Dingen hinbekommen. Bei meinem Wunsch glücklich und reich zu sein zum Beispiel. Nina klinkte sich für den Rest der Woche aus, also war ich erst mal auf mich allein gestellt. Ich versuchte absichtslos glücklich zu sein und mich absichtslos reich zu fühlen. Mit dem Glücklichsein funktionierte es auch hin und wieder. Ich versuchte mich in verschiedenen Situationen an Glücksgefühle zu erinnern. Wenn ich den Haushalt machte, wenn ich badete, wenn ich in der Straßenbahn saß usw. Doch die Glücksgefühle hielten nie lange an. Immer wieder kam dabei der sabotierende Glaubenssatz zum Vorschein: *Du verdienst es nicht. Du bist es nicht wert.* Da war kein Weiterkommen. Ich musste wohl erst den Glaubenssatz umprogrammieren. Ich vermutete, dass der stärkste Glaubenssatz in mir wohl der war: *Du bist es nicht wert.*

Diesen wollte ich jetzt ändern. Aus Ninas Büchern wusste ich, dass sich Glaubenssätze genauso umprogrammieren ließen, wie sie entstanden waren. Also durch starke Emotionen und/oder durch ständige Wiederholungen. Aber ohne Gefühle funktionierte es nicht. Also versuchte ich mir vorzustellen, wie es war, sich wertvoll zu fühlen und selbstbewusst zu sein. Doch hier scheiterte ich kläglich. Ich hatte keine Ahnung, wie sich das anfühlte. Ich konnte es mir nicht einmal mit meiner Fantasie ausmalen. Ich dachte schon, dass dies bedeuten würde, dass ich meinen

Glaubenssatz niemals umprogrammieren können würde. Doch glücklicherweise hatte Nina eine geniale Idee, mit der ich in die nächste Woche startete. Für den Rest der 3. Woche konzentrierte ich mich einfach weiterhin auf die Absichtslosigkeit, übte weiterhin etwas zu tun und dabei die Absichtslosigkeit zu spüren. Das erschien mir sehr wichtig. Auch hatte ich das Gefühl, dadurch achtsamer zu werden. Ich sah und erlebte die Dinge viel bewusster, ohne gedanklich abzuschweifen.

In dieser Woche veränderten sich folgende Dinge:

1. Ich war weiterhin innerlich ruhiger, da ich weiterhin abends meine Akzeptanzübungen in mein Buch schrieb. Diese Übungen änderten sich aber zunehmend. Ich brachte immer seltener meine Gefühle zum Ausdruck, sondern schrieb öfter, dass meine Gefühle und auch die Situation in Ordnung waren, so, wie sie jetzt waren. Nur manchmal überkamen mich noch starke Emotionen, die ich niederschrieb. Und hin und wieder schrieb ich auch einfach so etwas wie: »Ach was soll`s. Rutsch mir doch den Buckel runter.« Diese Übungen waren sehr befreiend für mich. Mir zu erlauben so zu fühlen und es auch ausdrücken zu dürfen und auch die Situation sein lassen zu können, wie sie war, fühlte sich so unglaublich erleichternd an.
2. Ich konnte Dinge ansehen und beobachten, ohne den Kopf voller Sorgen zu haben. Das war mir vorher nie

gelungen. Mein Kopf war schon immer voller Sorgen gewesen. Ständig machte ich mir Gedanken um irgendetwas. Jetzt hatte ich Phasen, in denen ich sorgenfrei war, weil ich mich durch die Übung mit der Absichtslosigkeit ins Hier und Jetzt holte.

3. Der Umgang mit Menschen verbesserte sich weiter. Nicht nur mit meinen Kindern und mit meinem Mann, sondern auch mit fremden Menschen war der Umgang jetzt viel entspannter. Alles war harmonischer und freundlicher. Gelassener.

4. Ich hatte das Gefühl, als würde sich mein Leben entschleunigen. Irgendwie holte ich das Tempo heraus. Ich weiß nicht, ob es an der Akzeptanz lag oder daran, dass ich öfter im Hier und Jetzt war. Es war einfach alles etwas langsamer und entspannter. Nicht mehr so hektisch und stressig. Auch die Menschen, die mir begegneten, waren entspannt und gelassen.

Es gab aber eine Situation, in der ich mich wieder zur Hektik hinreißen ließ. Ich musste schnell noch etwas in der Drogerie besorgen und hetzte in den Laden. Ich musste mich beeilen und wollte schnell wieder zu Hause sein, also flitzte ich durch die Gänge. Ich wusste, wo ich hin musste, also ging ich sehr zielstrebig. Und doch ging es mir irgendwie nicht schnell genug. Als ich in einen Gang einbiegen wollte, rannte ich fast in eine Frau hinein. Ich stoppte wie ein Brett und entschuldigte mich. Entspannt lächelnd ging die Frau (gemächlich und gemütlich) an mir vorbei. Ich wurde immer nervöser und musste mich bremsen, nicht gleich weiter zu hetzen und sie in dem schmalen Gang eventuell noch anzurempeln. Als sie dann vorbei war, hob ich schon den Fuß und wollte lossprinten, da folgte der Frau noch ein kleines Mädchen mit einem Mini-Einkaufswagen nach. Wieder blieb ich stehen. Als auch die Kleine endlich (gemütlich) an mir vorbeigegangen war, kam noch ein Kind mit Mini-Einkaufswagen. Und noch eins. Ich dachte, jetzt will mich irgendwer veräppeln. Die Frau lachte und entschuldigte sich für die lange (gemütliche) Kinderschlange. In diesem Moment, als ich die gelassenen, zufriedenen und gemütlichen Kinder so an mir vorbeigehen sah, wurde mir bewusst, dass ich gerade schon wieder gekämpft hatte. Und zwar gegen die Zeit. Und als ich Nina davon erzählte, sagte sie: »Wenn du gegen die Zeit kämpfst, kämpft die Zeit zurück.«

Woche 4

Glaubenssätze austricksen

Die vierte Woche begann mit Kakao. Als Nina vorbei kam, stellte sie mir ein großes Glas rohe Kakaonibs auf den Tisch. (Kakaonibs sind in kleine Stückchen zerhackte Kakaobohnen) Sie empfahl mir jeden Morgen eine Handvoll davon zu essen, da wir uns ja jetzt an die Glücksgefühle machen wollten. Was Kakao mit Glücksgefühlen zu tun hat, weiß vermutlich jeder: Kakao (oder Schokolade) macht glücklich. Was ich aber nicht wusste: Nur der *rohe* Kakao hat diese Wirkung. Durch Erhitzen, Milch und Zucker wird die glücklich machende Wirkung vollständig zerstört. Sie erzählte mir noch allerhand mehr solcher Dinge. Nina ist ein wandelndes Lexikon, wenn es um Dinge geht, die gesund und glücklich machen, was wohl daran liegt, dass sie selbst sehr lange krank und unglücklich war. Sie sagt, wenn es ihr mal nicht gut geht, hat sie ein ganzes Reportoire an Nahrungsmitteln und Übungen, die sie einsetzen kann, damit es ihr sofort besser geht.

Von Nina habe ich gelernt, dass es nicht nur seelische Ursachen hat, wenn man unglücklich ist, sondern auch oft körperliche. Schließlich leben wir ja in diesem Körper und wenn es ihm nicht gut geht, geht es uns nicht gut. Eine ungesunde Ernährung spielt zum Beispiel eine große Rolle, da das, was wir essen, auch auf unser Nervensystem und das »Bauchhirn« einwirkt. Zucker ist da ein großes Beispiel. Oder Zusatzstoffe in Fertignahrungsmitteln. Durch die falsche Ernährung können Angststörungen entstehen bis hin zu Depressionen. Durch gekochtes Essen zum Beispiel steigt rapide die Anzahl der weißen Blutkörperchen im Körper an. Das bedeutet natürlich Stress und man wird müde. Aus diesem Grund ist das Thema Ernährung auch in ihre Bücher mit eingeflossen. Es spielt eine große Rolle beim Glücklichsein. In einem gesunden Körper sind wir einfach glücklicher, als in einem kranken, was ja ganz logisch ist. Interessant ist, dass das, was wir zu uns nehmen, nicht nur Einfluss auf unseren Körper und unsere Psyche hat, sondern auch sehr stark auf unsere Wahrnehmung.

Während meiner Arbeit mit Nina habe ich so viel über Gesundheit und Ernährung erfahren, dass ich ganz automatisch meinen Ernährungsplan auf mehr Rohkost umgestellt habe. Auf Zusatzstoffe wie Aspartam und Mononatriumglutamat verzichte ich aber schon seit Jahren. Es ist ja bekannt, dass diese Stoffe sehr schädigend für den Körper sind. Nach und nach fanden sich auch immer mehr Fläschchen und Döschen mit gesundem Inhalt bei mir ein, die Nina mitbrachte. Nach einer Weile stand bei mir nicht nur roher Kakao zum Glücklichmachen, sondern Gerstengrassaftpulver – das eine richtige Nährstoffbombe ist, Maca – das die Lebensgeister weckt, AFA-Algen – ein Superfood, verschiedene Tees, die entgiften und aufbauen, Chiasamen (ein Wahnsinnszeug!) und Heilerden.

Ich aß also erst mal jeden Morgen meine Handvoll rohe Kakaonibs (die zwar etwas bitter schmecken, aber man gewöhnt sich dran) und startete mit dem Plan, den Nina für mich ausgeheckt hatte, um meine Glaubenssätze umzuprogrammieren. Ich hatte ihr gesagt, dass ich keine Ahnung hatte, wie man sich wirklich wertvoll fühlte und ich auch in meiner Fantasie nicht solch ein Gefühl finden konnte, also hatte sie mich gefragt, in welchen Situationen ich mich denn wertvoll fühlen *würde*. Meine Antwort darauf war spontan gekommen: »Wenn mich Menschen so behandeln würden.« Denn darauf begründete ja auch mein negativer Glaubenssatz wertlos zu sein. Weil mich Menschen so behandelt hatten. Auf ihre Frage hin, wie so eine Situation aussehen würde, musste ich erst mal überlegen. Ich spielte Situationen in meinem Kopf ab, in denen mir Respekt und Achtung entgegen gebracht wurde. Für das, was ich war und das, was ich tat. Oder einfach so. Da fiel mir auf, dass ich mir ja doch in meiner Fantasie vorstellen konnte wie es sich anfühlte, wertvoll zu sein. Denn, wenn mich jemand so behandelte, auch wenn es nur in der Fantasie war, fühlte ich mich gut und mein Selbstwertgefühl stieg. Auch, wenn es ungewohnt war und ich sogar in meiner Fantasie mit Verlegenheit reagierte. Nina fragte dann, was ich fühlen würde, wenn so etwas ständig passieren würde. Also, wenn mir ständig Menschen Respekt entgegen brachten. Ich sagte ihr, dass es mich glücklich machen würde, aber dass es mich auch wundern würde. Ich wäre überrascht, weil es ja nicht meinem Glaubenssatz entspricht so behandelt zu werden.

Und da reckte sie auf einmal die Faust. »Das ist es!«, sagte sie. »Das wollte ich hören. Du wärst überrascht. Überraschung ist gut, denn sie fordert die gesamte Aufmerksamkeit deines Bewusstseins ein. Auch die deines Unterbewusstseins.«

Sie erklärte es mir so (und so hatte ich es auch schon gelesen), dass das Gefühl des Wunderns und der Überraschung sofort den Lernmodus des Gehirns aktiviert. Denn, wenn wir überrascht sind, passiert etwas Neues und da unser Gehirn immer am lernen ist, will es die Neuigkeit sofort aufsaugen, um sich weiterzuentwickeln. Es ist also ganz aufmerksam. Genauso ist es mit dem Unterbewusstsein. Wenn man überrascht ist, weil etwas Neues, Unbekanntes passiert, ist das ganze System, wie Nina es nennt, hellwach und saugt alle Informationen auf, die es kriegen kann.

Der Plan war nun, dass ich mir immer wieder mit verschiedenen Szenen vorstellen soll, wie ich wertvoll und mit Respekt behandelt werde. Dies würde in mir immer wieder Überraschung auslösen. Mein System würde daraufhin feststellen, dass etwas Neues geschieht und die Informationen aufsaugen. Da diese Informationen aber nicht mit meinem alten Glauben übereinstimmen, würde dieser umgeschrieben werden müssen. Und das würde von allein geschehen, ohne mein Zutun. Ich musste nur ein bisschen fantasieren.

Der Trick dabei war, dass sich der alte Glaube nicht dagegen wehren würde. Er würde nicht aufschreien und sagen: »Du lügst dir was vor!« Denn überrascht zu sein, bedeutet ja, dass man selber nicht weiß, wie die Situation zu

Stande gekommen ist. Also kann der alte Glaube auch nicht behaupten, dass ich lüge, denn ich habe ja selbst keine Ahnung, warum mich auf einmal alle respektvoll behandeln. Die Situation, gepaart mit dem Gefühl der Überraschung, sickert also sofort ins System, denn dort muss offenbar ein Fehler vorliegen. Und schon beginnt das Umprogrammieren. Ich hielt das für einen genialen Plan und fing gleich an. Ich malte mir aus in welcher Form mir jemand Respekt entgegenbringen könnte. Da gab es viele Möglichkeiten. Allein durch die Art und Weise wie jemand spricht, kann er respektvoll sein. Ich stellte mir also ständig vor, wie Menschen respektvoll mit mir sprachen. Und das löste tatsächlich ein Verwundern in mir aus. Nina sagte mir noch, ich solle mich in dieses Gefühl der Überraschung hineinsteigern und es stärker werden lassen. Ich solle es so intensiv fühlen, wie es nur ging. Und das fiel mir seltsamerweise gar nicht schwer. Ich konnte so richtig überrascht sein, denn es überraschte mich tatsächlich, auch, wenn es nur eine Fantasie war. Das Gehirn kann ja bekanntlich nicht zwischen Fantasie und realem Erleben unterscheiden. Und das war ein echter Vorteil.

Diese Übung stellte sich als wahre Goldgrube heraus, denn: Es funktionierte!! Und das bei *mir*. Wo ich doch immer geglaubt hatte, dass meine Glaubenssätze viel zu hartnäckig waren. Jetzt waren sie auf einmal kaum noch zu spüren, weil sie sich auch gar nicht wehrten. Nina impfte mir immer wieder ein, dass ich nicht gegen die alten Glaubenssätze kämpfen sollte, aber das musste ich auch gar nicht bzw. es fiel mir gar nicht ein, weil sie völlig still hielten. Es war fast so, als sei in meinem System erst mal jeder ratlos und würde verwundert und tatenlos zusehen, was da für seltsame Bilder und Gefühle aufkamen. Das war wirklich sehr angenehmen, denn es strengte überhaupt nicht an. Es war wie ein Spiel. Ich spielte mit meiner Fantasie. Und nichts und niemand hatte etwas dagegen.

Dieses Spiel spielte ich die ganze Woche und es löste enorme Glücksgefühle in mir aus. Nina kam immer wieder mit neuen Ideen an, wie Menschen sich noch gegenseitig Respekt, Achtung und Wertschätzung entgegen bringen konnten. Und diese Ideen nahm ich alle mit in mein Spiel auf. Ich spielte wie eine Verrückte und es machte unheimlichen Spaß. Es ging schon morgens los. Wenn ich meine Kakaobohnen aß, spielte ich schon die erste Fantasieszene im Kopf ab. Mir fielen auch immer wieder neue Situationen ein. Manche davon schrieb ich in mein Buch.

Hier ist eine davon:

Jemand schenkt mir Geld, einfach so, und sagt dabei, dass ich ein wunderbarer Mensch bin und es verdient habe, glücklich zu sein. Es ist jemand, dem ich das glaube. Ich fühle mich wertvoll, weil ich einfach so etwas geschenkt bekomme, ohne dafür etwas tun zu müssen. Ich bekomme es um meinetwillen geschenkt, weil ich geschätzt werde. Das fühlt sich toll an!

Natürlich sind diese Fantasien in meinem Kopf viel bilderreicher und gefühlsintensiver. Manchmal kann ich der Person, die in meiner Fantasie so etwas zu mir sagt, nicht glauben, deswegen versuche ich mir Personen auszumalen, denen ich leicht glauben schenken kann. Wenn mir manchmal keine solchen Personen einfallen, nehme ich irgendwelche Wesen. Manchmal sagen Engel so etwas zu mir oder irgendwelche besonderen Lichtwesen. Denen kann ich viel leichter glauben.

Diese Woche war wahrhaftig ein rapider Anstieg von Glücksgefühlen. Ich war fast dauerglücklich. Manchmal hatte ich noch Momente, in denen ich Akzeptanzschwierigkeiten hatte. Dann habe ich die Akzeptanzatmung gemacht oder in mein Buch geschrieben. Ich empfehle jedem, solch ein Buch selbst zu führen. Es hilft ungemein.

Folgendes hat sich in dieser Woche verändert:

1. Menschen haben mich tatsächlich respektvoller behandelt! Und in diesen Momenten war ich genauso überrascht, wie in meinen Fantasievorstellungen.
2. Ich fing an, mich selbst respektvoller zu behandeln. Wenn ich zum Beispiel Heißhungerattacken bekam, mich zu irgendwas zwang, mich stresste oder innerlich als dumm beschimpfte, kam mir sofort ins Bewusstsein, dass ich mich gut behandeln wollte. Dann lenkte ich ein und änderte die Situation. Ich aß etwas Gesundes, entspannte mich, gönnte mir ein Bad und sagte mir, dass ich in Ordnung war, so, wie ich jetzt war. Das hatte ich zuvor in meinem Leben noch nie getan.

3. Ich kam sehr schnell mit meinem Kinderbuch voran und hatte das Gefühl, dass es grandios werden würde. Zum ersten Mal glaubte ich daran, dass die Menschen es tatsächlich mögen würden.

Woche 5

Grundlos glücklich

Da ich in der letzten Woche so glücklich gewesen war, wollten wir dies fortführen, indem wir Glücksgefühlspiele spielten. Mein Lieblingsspiel war immer das Mögen gewesen, weil man das den ganzen Tag machen konnte. Nina empfahl mir aber zusätzlich noch den Glücksgefühlwecker zu stellen. Das machte ich auch. Einmal die Stunde klingelte mein Handy und dann sollte ich einfach so Glücksgefühle in mir entstehen lassen. Am Anfang fiel mir das etwas schwer, weil ich so spontan keine Glücksgefühle finden konnte. Nina sagte, ich solle mich nur einmal kurz daran erinnern, wie sich zum Beispiel Freude anfühlt, es kurz fühlen und dann im Alltag weitermachen bis das Handy das nächste Mal klingelte. Bei den ersten paar Malen erinnerte ich mich an das Gefühl von letzter Woche – das Gefühl wertvoll zu sein und wertgeschätzt zu werden. Das fühlte sich toll an. Aber es ohne eine dazugehörige Situation zu fühlen, war ungewohnt. Etwas in mir rebellierte und sabotierte mein Spiel. Es kamen Gedanken in mir auf, wie diese: *Was machst du da eigentlich? Dich einfach so wertvoll fühlen? Ohne Grund? Du* **bist** *nicht wertvoll.*

Hier meldete sich auf einmal mein alter Glaubenssatz, der

die ganze letzte Woche still gewesen war. Ich versuchte ihn in die Schranken zu weisen, indem ich ihm sagte, dass ich mich hier schließlich nur an etwas erinnerte und ein bisschen spielte. Aber er ließ nicht locker. Anscheinend fehlte die Verknüpfung mit dem Überraschtsein. Ich beschloss wieder mein Spiel von letzter Woche zu spielen und mir Situationen auszumalen, in denen ich wertvoll behandelt wurde. Mit dem Handywecker rief ich ein anderes Gefühl in mir hervor, das keine Rebellion in mir auslöste. Es war kindliche Freude. Das fiel mir leichter, denn das fühlte ich sowieso des Öfteren. Wenn ich an meinem Buch schrieb zum Beispiel, oder meine Bücher aus den 50er Jahren durchblätterte. Oder, wenn ich meinem Hobby nachging und Puppen herstellte. Einmal die Stunde fühlte ich also kindliche Freude und zwischendurch spielte ich Szenen für mein Selbstwertgefühl ab.

Mir fiel auf, dass gegen Ende der Woche das Gefühl der Überraschung bei meinen Visualisierungen immer schwächer wurde. Ich konnte es nicht mehr so sehr steigern. Nina erklärte mir aber, dass dies ein gutes Zeichen war, weil es bedeutete, dass das Gefühl langsam zur Normalität wurde. Egal, wie überrascht man über etwas ist, wenn man es ständig erlebt, wird es irgendwann normal. Dies war der Punkt, an dem das Gefühl dann zu einem neuen Glaubenssatz wurde und den alten ersetzte. Das freute mich natürlich und ich machte fröhlich weiter. Das Handywecker-Spiel war auch sehr amüsant. Ich merkte, wie es mir von mal zu mal leichter fiel, das Gefühl hervorzurufen. Und je leichter es mir fiel, umso stärker wurde es. In manchen

Momenten, wenn mein Handywecker klingelte, wollte ich das Gefühl ganz intensiv spüren und versuchte mich hineinzusteigern. Das funktionierte am Anfang noch nicht so gut, aber es wurde mit jedem Mal besser.

Wenn ich mich mit Nina traf, spielten wir noch zusätzlich das Ich-Mag-Spiel. Ich wollte es so spielen, wie Lucy und Miriam in der Euphoria-Geschichte und so erzählten wir uns gegenseitig alle möglichen Dinge, die wir mochten. Immer, wenn der eine etwas sagte, inspirierte das den anderen und ihm fiel etwas Neues ein, das er mochte. So schaukelten wir uns in einen Spaß hinein, der gar kein Ende nehmen wollte. Es machte mir richtige Freude jemandem zu erzählten, was ich mochte. Dadurch fokussierte ich mich auf das Mögen und *fühlte* es auch. Und das war ja der Sinn der Sache. Dadurch, das jemand mitspielte, wurde ich ständig dazu angeregt nach weiteren Dingen zu suchen, die ich mochte. Es hat sehr geholfen, dass Nina ständig präsent war und mich zum Spielen animiert hat. Und immer, wenn das Handy klingelte, gab es einen neuen Glücksschub. Wir hoben uns gegenseitig in den sprichwörtlichen Euphoria-Himmel. Es machte unheimlichen Spaß!

Aber es gab auch Momente, in denen es schwer war. An einem Tag in dieser Woche war ich bei meiner Schwester zu Besuch. Sie hatte gerade erst eine Chemotherapie hinter sich. Zum zweiten Mal. Es ging ihr nicht gut und sie sah sehr kränklich und schwach aus. Sie tat mir unglaublich leid und ich machte mir Sorgen. Sie sprach aber nie darüber, wie es ihr ging und deshalb redeten wir über andere Dinge. Sie erzählte mir von der Hochzeit ihrer Tochter, die bald anstand und ich konnte es nicht vermeiden, dass mir ein schrecklicher Gedanke kam. *Hoffentlich würde sie diese Hochzeit erleben.* Ich wollte das nicht denken. Ich fühlte mich dabei gemein und wollte den Gedanken verbannen. Ich verdrängte ihn mit Gedanken wie: *Natürlich erlebt sie das! Es geht ihr bald besser.*

Leider funktionierte diese Verdrängung nicht besonders gut. Natürlich nicht. Ich kämpfte ja gegen einen Gedanken. Und natürlich kämpfte er zurück. Ich wurde immer bedrückter, während meine Schwester so tat, als sei alles in Ordnung. Und dann, plötzlich, klingelte mein Handywecker. Ich hatte das Spielen völlig vergessen. Ich machte ihn schnell aus, denn ich wusste nicht, wie ich in einer solchen Situation ein Glücksgefühl in mir hervorrufen sollte. Das fühlte sich falsch an. Gemein. Rücksichtslos. Obwohl meine Schwester selbst ständig am Lachen war und sich des Lebens freute, gestattete ich es mir nicht. Ich fühlte mich schuldig dabei. Es durfte mir nicht gut gehen, wenn es anderen schlecht ging. Ganz besonders Menschen, die ich liebte. Ich diskutierte innerlich mit mir selbst, ob das in Ordnung war jetzt glücklich zu sein. Ein Teil von mir sagte deutlich: »Ja! Natürlich!« Und ich erklärte mir: »Du hilfst deiner Schwester nicht damit, wenn du Trübsal blasend vor ihr sitzt.« Nach etwa einer Stunde innerer Diskussion war ich schließlich so weit, dass ich mir gestattete eventuell doch ein kleines Glücksgefühl aufkommen lassen zu dürfen. Und dann klingelte auch schon mein Handy erneut.

Mittlerweile redeten wir nicht mehr über die Hochzeit,

sondern standen in der Küche und diskutierten über ein ernstes politisches Thema, das für uns beide immer ein Aufreger war. Gerade jetzt bimmelte das Handy. Nun gut, ich hatte mich ja entschieden ein Glücksgefühl zu fühlen. Und ich hatte meinen Verstand irgendwie davon überzeugt, dass ich das durfte. Also tat ich es jetzt auch. Ich erinnerte mich an die kindliche Freude. Es muss nur Bruchteile von Sekunden gedauert haben, da brach das Gefühl aus mir heraus und mein Gesicht leuchtete regelrecht auf. Meine Schwester stockte, guckte mich erstaunt an und sagte irgendwann: »Woran denkst *du* denn gerade?«

In diesem Augenblick wurde mir klar, dass ich an überhaupt nichts dachte. Ich fühlte nur. Sogar sehr intensiv. Anscheinend hatte das ständige Hervorrufen von Glücksgefühlen dazu geführt, dass sie von allein stärker wurden. Ich war in diesem Moment grundlos glücklich. Es gab absolut keinen Grund dafür jetzt in diesem Augenblick glücklich zu sein. Zumindest hatte ich mir keinen Grund gesucht. Ich war einfach so glücklich. Nur, weil ich es jetzt gerade so fühlen wollte. Mir wurde klar, dass es wirklich nur eine Entscheidung ist, ob wir glücklich sind oder nicht. Wir können und dürfen in jedem Moment glücklich sein. Auch in einem Moment, in dem alles Mögliche *gegen* das Glück spricht. Ich fühlte mich in diesem Moment einfach nur gut. Und das sah man mir anscheinend an.

Als Antwort gab ich ihr: »An gar nichts. Ich spiele Euphoria.« (Meine Schwester kennt Nina Nell und das Spiel der Götter, aber wir reden nicht so oft darüber.)

Überraschenderweise sagte sie jetzt: »Kann ich

mitspielen?«

»Natürlich!«, rief ich glücklich aus. Ich erklärte ihr kurz, was zu tun war und dann fingen wir mit dem Ich-Mag-Spiel an und erzählten uns – wir ich es schon mehrere Male mit Nina getan hatte – was wir am liebsten mochten. Wir hatten so viel Spaß, wie schon lange nicht mehr. Nachdem ich so abgestürzt war, hatte mich das Spiel doch wieder herausgerissen.

Am Ende der Woche konnte ich kaum noch überrascht sein, wenn mich in meiner Fantasie jemand wertvoll behandelte. Und diese Tatsache löste erneut ein Glücksgefühl in mir aus. Es lief gut. Es lief sogar sehr gut. Ich hätte nie gedacht, dass ich das mal über mich sagen würde, aber ich glaube, ich spielte ziemlich gut Euphoria. :-)

Folgendes hat sich in dieser Woche verändert:

1. Ich war glücklicher als je zuvor. Das ständige, grundlose Hervorrufen von Glücksgefühlen schien mich in eine andere Wahrnehmungsebene anzuheben. Ich betrachtete mein Leben anders und auch die ganze Welt. Dinge, die ich vorher für unmöglich gehalten hatte, schienen mir jetzt möglich zu sein. Die Arbeit an meinem Kinderbuch war immer mehr mit dem Gedanken verknüpft, dass es tatsächlich sehr erfolgreich werden könnte. Mein Leben sah

nicht mehr so schrecklich aus. Und das, obwohl ich gerade wieder in die Phase des Monats kam, in der ich kaum noch Geld hatte. Der Gedanke »Alles wird gut« kam immer öfter in mir auf, verbunden mit einer angenehmen Entspannung.

2. Ich hatte viel mehr Spaß und lachte mehr. Auch bei Missgeschicken lachte ich des Öfteren. Meine Familie erkannte mich nicht wieder, aber sie war ebenfalls fröhlicher. Mein Mann strotzte auf einmal vor Elan und baute die Wohnung um, um sie schöner zu machen. Seine jahrelange Lethargie war auf einmal wie verflogen.

3. Ich sah überall Dinge, die ich mochte. Ich wurde regelrecht mit der Nase darauf gestoßen. Ob im Supermarkt, in der Straßenbahn, beim Spazieren oder in Zeitungen, TV und Radio. Immer und überall tauchten Dinge auf, die ich sehr gern hatte. Wenn ich das Radio einschaltete, kam meine Lieblingsmusik. Wenn ich die Zeitung aufschlug, lachte mich etwas an, das ich liebte. Ich war auf einmal umgeben von schönen Dingen, was ich auf mein ständiges Ich-Mag-Spiel schob.

4. Ich wurde weiterhin wertvoll behandelt, was sich in verschiedenen Situationen sehr stark äußerte. Wenn mich jemand anrempelte, entschuldigte er sich fast herzzerreißend und ging nicht einfach weiter. Die Leute blickten mir liebevoll und respektvoll in die Augen, wenn ich mit ihnen sprach und unterbrachen mich nie. Und wenn doch, tat es ihnen ehrlich leid. Mir wurde bei vielen Gelegenheiten der Vortritt gelassen und ich bekam mehrere kleine Geschenke der Anerkennung und Wertschätzung.

woche 6

Spiel, Spaß und ein Wendepunkt

Durch das Spielen war ich so glücklich, dass ich nie wieder damit aufhören wollte. Ich malte mir mit Lippenstift kleine Smileys in die Ecken des Badezimmerspiegels, um mich gleich morgens ans Spielen zu erinnern. Solche Smileys malte ich auch auf die Glastür des Wohnzimmers. Jedes Mal, wenn ich es betrat, wollte ich spielen. Ich überlegte, wo ich noch kleine Erinnerungen anbringen konnte und legte mir einen kleinen, gelben Smiley ins Portemonnaie, stellte den ersten Euphoria-Band auf meinen Nachtschrank und verteilte die anderen Bände überall in der Wohnung. Immer, wenn ich jetzt etwas sah, das mit Euphoria zu tun hatte, wollte ich spielen. Dabei ging es mir aber nicht nur um die Glücksgefühle, denn sie waren nicht das Einzige, das mich gerade zu einem glücklicheren Menschen machte. Es ging mir auch um die Akzeptanz, mit der alles seinen Anfang genommen hatte und auch um die Absichtslosigkeit. Manchmal, wenn ich mein kleines Smiley sah, verinnerlichte ich, dass ich gerade etwas tat und nicht beabsichtigte. (Zum Beispiel das Zähneputzen, wenn ich im Bad vor dem Spiegel stand.) Dabei fühlte ich die Absichtslosigkeit und war im Hier und Jetzt. Das war ein ebenso angenehmes Gefühl, wie das Akzeptieren, das ich weiterhin übte. Wenn ich mich gerade gegen irgendetwas auflehnte und ich sah mein Smiley, atmete ich tief durch und akzeptierte. Und das funktionierte wirklich gut. Manchmal wünschte ich mir auch, ich hätte einen der Euphoria-Charaktere bei mir, der in solchen Momenten den Finger hob und sagte: »Na, na, na, schööön aufpassen.«

Dass ich mich immer selbst daran erinnern musste, gab mir das Gefühl auf mich allein gestellt zu sein, obwohl ich ja Nina hatte, die immerzu mit mir spielte. Aber sie war eben nicht ständig da und ich ertappte mich bei dem Gedanken, dass Lucy (aus den Euphoria-Romanen) ein echter Glückspilz war, weil sie ständig jemanden um sich hatte, der sie ans Spielen erinnerte. Ich war an einem Punkt angekommen, an dem ich aus dem Spiel nicht mehr herausfallen wollte. Das Leben war einfach schöner, wenn ich spielte und ich fühlte mich viel glücklicher. Es ist wirklich hilfreich, wenn man Menschen um sich hat, die diesen Weg mit einem gemeinsam gehen. Mein Mann interessiert sich leider überhaupt nicht für diese Dinge. Er hält das alles für Humbug. Allerdings bemerkte er natürlich, dass mich dieser Humbug glücklich machte, also sagte er einfach nichts mehr dazu und ließ mich machen.

Als Nina all die Smileys und die anderen Erinnerungsstückchen bemerkte, redeten wir darüber. Sie sagte: »Wenn ich Nikolas nur erschaffen und tausendfach klonen könnte ... Ich kriege ständig E-Mails, in denen mir die Leute sagen, sie wünschen sich jemanden wie Nikolas an ihrer Seite, der sie ans Spielen erinnert. Oder Alea.«

Ich lachte. »Das kann ich mir vorstellen, dass sich viele

Männer Alea wünschen.«

Nina grübelte einen Moment, sah sich das Buch auf meinem Küchentisch an (es war »Die Macht der Götter«) und schrieb anschließend etwas in ein ziemlich zerfleddertes Notizbüchlein, das sie sich dann sofort wieder in die Handtasche steckte. Wir besprachen noch ein paar Details zu meinem Kinderbuch, Nina machte ein paar Skizzen und zum Schluss spielten wir noch eine Runde »Ich mag«. Als sie dann ein paar Tage später wieder kam, legte sie mir ein paar Bögen Aufkleber auf den Tisch. Es waren kleine, runde Aufkleber und auf jedem war Nikolas' Gesicht zu sehen. Dazu sagte Nina: »Ich kann ihn dir nicht leibhaftig hier hinstellen, aber ich dachte, wenn dich anstatt der vielen Smileys Nikolas aus allen Ecken anguckt, hilft das vielleicht.«

Sie hatte diese Aufkleber extra für mich drucken lassen, was ich so süß fand, dass ich sie erst mal an mich drücken musste. Sie gab sich so viel Mühe, um mir das Spielen zu erleichtern. Sie sagte jedoch trocken und frech grinsend daraufhin: »Ach, ich will bloß meine Wette gewinnen.«

Ich lachte. Und dann fiel mir schlagartig ein, was wir abgemacht hatten. Wenn ich es schaffte mit Euphoria mein Leben zu ändern, würde ich es in die Welt hinaus posaunen. Sie hatte mich beim Wort genommen. Und ich hatte es schon total vergessen. »Aber, wie soll ich das einhalten?«, fragte ich sie ratlos.

Sie zuckte mit den Schultern. »Keine Ahnung. Mach ein Video fürs Internet. Ich filme dich und du erzählst.«

»Niemals!«, rief ich aus. Ich hasse es, gefilmt zu werden

und in der Öffentlichkeit möchte ich auch nicht unbedingt stehen.

Nina lachte herzhaft. »Na, ich muss jedenfalls nichts hinaus posaunen, denn mein Spiel funktioniert ja.« Dabei grinste sie so zufrieden und breit, dass ich jetzt laut lachen musste.

»Wir sind aber noch nicht durch«, sagte ich irgendwann, als ich schon einen Nikolas-Aufkleber an meinen Küchenschrank klebte.

»Nein, du wolltest glücklich und *reich* werden.«

Und hier waren wir bei einem Thema, das aktueller nicht sein konnte. Ich war nämlich pleite. Und langsam wurde auch die Zeit knapp, denn die Arbeit an meinem Kinderbuch war fast abgeschlossen. Wie sollten wir es in der kurzen Zeit schaffen, mich reich zu machen? Nina merkte an, dass ich zunächst einmal innerlich reich werden müsse, dass ich mich mit dem Reichtum verbinden müsse. Sie erklärte es an dem Beispiel ihres Buches »Spiel dich reich«. Darin geht es darum, dass man mit dem, was man sich wünscht, eins werden soll, was sich sehr an ihre Emilia-Romane anlehnt. (Wer es noch nicht wusste: Genau aus diesem Grund ist »Spiel dich reich« komplett schwarz. Wegen »Emilia«.)

Das war mir allerdings etwas zu hoch, weil ich nicht wusste, wie man sich mit etwas verband, das man sich wünschte.

Ninas Antwort war aber sehr einfach: »Du verbindest dich mit etwas, indem du es liebst.«

Das Spiel, das wir uns dazu ausdachten, war ganz simpel. Ich sollte wieder innerlich Szenen visualisieren, die mich überraschten. Dieses Mal ging es aber um Reichtum. Ich sollte also überrascht darüber sein, dass mir aus allen Richtungen Geld zuflog. Und das war wirklich kein Kunststück. So etwas hätte mich sogar im Traum im tiefsten Tiefschlaf überrascht, denn Geld flog mir niemals zu. Um jeden Cent hatte ich mein Leben lang kämpfen müssen. Der Armutsglaubenssatz, der offenbar in mir existierte, war irrelevant. Er würde sowieso die Füße stillhalten und sich bald ändern, wie Nina sagte.

Als ich abends im Bett saß und mich von meinem Nachtschrank aus Nikolas anblickte, schrieb ich in mein rotes Tagebuch und überlegte mir Szenen des Reichtums. Manche schrieb ich einfach nur auf und andere spielte ich gedanklich schon mal durch. Dabei waren Szenen, in denen ich im Lotto gewann, in anderen Szenen wurde mir Geld geschenkt, andere Szenen überraschten mich, weil sich in ihnen mein Kinderbuch hervorragend verkaufte und ich hohe Auszahlungen vom Verlag bekam. So ging das bis in die Nacht hinein. Dadurch, dass mich diese Szenen überraschten, fiel mir die Visualisierung sehr leicht. Denn ich musste mir ja nicht vorstellen, dass diese Szenen jetzt Realität waren und ich musste mir auch nicht einreden, dass ich es verdiente reich zu sein oder, dass es jetzt so kommen würde, wie ich es mir ausmalte. Das Gefühl der Überraschung brachte diese wunderbare Leichtigkeit mit sich, in der ich nichts weiter tat, als überrascht darüber zu sein, dass mir auf einmal Geld zugeflogen kommt. Ich musste keinen alten Glaubenssatz ändern, verdrängen, umprogrammieren oder löschen. Er durfte da sein und er war über meine inneren Bilder genauso überrascht, wie ich. Durch das Überraschtsein beabsichtigte ich auch nichts. Denn, wenn man richtig überrascht ist, ist die Aufmerksamkeit voll und ganz im Hier und Jetzt und nicht in einer eventuellen Zukunft, die man herbeiführen möchte.

Dieses Spiel machte mindestens genauso viel Spaß, wie die Visualisierung wertvoll behandelt zu werden und ich spielte es auch mindestens genauso oft – das heißt ungefähr 2-3 Mal am Tag intensiv und etwa genauso oft kurz und nicht so intensiv. Zum Beispiel spielte ich immer mal kurz, wenn ich im Bad war und mich Nikolas vom Spiegel aus anguckte, intensiv spielte ich, wenn ich zum Beispiel in der Küche war und Essen zubereitete oder abends im Bett vor dem Schlafengehen.

Natürlich musste ich aber auch irgendwie den Alltag bewältigen. Ich war nach wie vor pleite und überlegte, wie ich über den Monat kommen sollte. Wir aßen schon wieder fast nur Brot und vom Vormonat eingefrorene Speisen. Als Nachkriegskind bin ich natürlich von Armut und Hunger geprägt und schmeiße niemals Essen weg. Reste werden eingefroren und in Notzeiten aufgetaut, so wie jetzt. In dieser Situation fiel es mir zunehmend schwerer Euphoria zu spielen und glücklich zu sein. Ich versuchte aber trotzdem jeden Abend meine Akzeptanzübungen in mein Buch zu schreiben. Dabei ging es hauptsächlich um das Akzeptieren der momentanen Situation, denn ich kämpfte schon wieder gegen das Gefühl der Armut an. In meinen allabendlichen Übungen drückte ich erneut meine Gefühle aus und nahm sie an. Immer wieder sagte ich mir, dass es nun mal so war, wie es war und dass es Ursachen dafür gab. Es gab keinen Grund dagegen zu kämpfen und es war auch vollkommen sinnlos. In diesen Tagen sank mein Glückslevel natürlich ab. Ich versuchte zwischendurch wenigstens immer mal kindliche Freude zu fühlen, wenn ich Nikolas sah, aber es fiel mir schwer. Ich schrieb auch nicht mehr. Mein Kopf war zu sehr angefüllt mit Sorgen. Mein Spiel mit dem Überraschtsein ließ ebenfalls nach. Ich spielte vielleicht noch einmal am Tag, aber nicht sehr intensiv. Emotional fiel ich zurück in die erste Spielwoche. Ich schaffte es noch hin und wieder zu akzeptieren, aber das war auch alles.

Als ich eines morgens aufwachte und noch keine Lust hatte aufzustehen, weil mir wieder so ein ärmlicher Tag bevorstehen würde, fiel mein Blick direkt auf das Euphoria-Buch auf meinem Nachtschrank und damit auf Nikolas' Gesicht. Mir gingen sofort ein paar Szenen aus der Geschichte durch den Kopf. Besonders an einer Szene blieb ich hängen, als Taro Lucy erklärt hat, dass man nichts verändern kann, was man als von sich getrennt wahrnimmt. Und dann kam mir Ninas Satz wieder in den Kopf: »Du verbindest dich mit etwas, indem du es liebst.«

Ich fragte mich, ob ich den Reichtum liebte oder ob ich ihn nur *wollte*, als Mittel zum Zweck. Es war ganz klar Letzteres der Fall. Nach Ninas Aussagen treibt man alles von sich, das man *will* und *wünscht*. Aber, was man liebt, zieht man an. Mir war klar, dass ich Geld *brauchte*, um leben zu können. Reichtum war natürlich eine Steigerung davon und würde einfach als Mittel zum Zweck dienen, damit ich das Leben leben konnte, das ich mir wünschte. Es war also eigentlich gar nicht der Reichtum, den ich mir wünschte, sondern das *Leben*. Ich wollte leben. Sorgenfrei leben. So, wie ich es wollte. Ich wollte mich entfalten, mich gesund ernähren, reisen, meinen Hobbys nachgehen. *Das* wollte ich. Aber dazu *brauchte* ich Geld. Ich fragte mich, wie man etwas lieben sollte, das man so sehr brauchte.

An diesem Tag dachte ich über die Liebe nach. Zu lieben ohne zu wollen kommt einem wie eine Kunst vor, aber eigentlich ist es die natürlichste Form der Liebe. Alles Andere ist keine wirkliche Liebe, denn Liebe lässt frei. Meine Kinder zum Beispiel liebe ich so sehr, dass ich sie völlig frei lasse. Ich will, dass sie glücklich sind, egal, was sie tun. Auch, wenn das, was sie tun, nicht meinen Vorstellungen von richtig und gut entspricht. Wenn es sie glücklich macht, muss ich sie lassen. Weil ich sie liebe. Diese Liebe übertrug ich auf mein Problem und versuchte Geld und Reichtum ebenso zu betrachten. Wie Kinder. Nur, dass diese Kinder überall auf der Welt waren, nur nicht bei mir. Das versuchte ich erst mal zu akzeptieren. Das hatte ja einen Grund. Und dann führte ich einen inneren Dialog. Ich sprach mit diesen Kindern. Es mag albern klingen, aber es hat mir geholfen diese Beziehung zu Geld zu heilen. Ich sagte ihnen, dass ich sie gern um mich hatte, weil mich das glücklich machte und sie mein Leben bereicherten, mir Möglichkeiten boten, Türen öffneten, Spaß bereiteten und noch vieles mehr. Aber, dass ich sie gehen lassen musste, weil ich sie liebte. Es war ein richtiger Abschied, der mir innerlich sehr weh getan hat, der aber auch befreiend wirkte. Ich sagte zu all den

Geldscheinen auf der Welt Lebewohl und gestattete ihnen zu tun und zu lassen, was immer sie wollten und hinzugehen wohin sie wollten. Natürlich sagte ich ihnen auch, das ich vor Glück tanzen würde, wenn sie mich mal besuchen kamen, aber diese Entscheidung überließ ich ihnen.

Dies war das wirksamste Loslassritual, das ich je gemacht hatte. Ich winkte den Geldscheinen noch zu und sah in meiner Fantasie, wie sie davon hüpften und sich auf der Welt verteilten. Dann war ich allein. Ohne all die vielen Kinder. Das war ich vorher zwar auch gewesen, aber jetzt fühlte ich mich irgendwie besser damit. Jetzt musste ich eben sehen, wie ich ohne Kinder (Geld) klar kam.

An diesem Abend machte ich noch mal eins von meinen Visualisierungsspielen, in denen ich überrascht war. Jetzt war aber nicht nur Überraschung in mir, sondern auch Freude, weil mich meine *Kinder* besuchten. In Gedanken tanzte ich und hatte mächtig Spaß dabei. Mein Spiel ging aber noch weiter. Jetzt gab ich das Geld auch aus, das mir aus allen Richtungen zufloss. Und während ich es ausgab, winkte ich meinen Kindern wieder zu und wünschte ihnen viel Spaß in der großen weiten Welt. Ich ließ sie wieder los.

Am nächsten Morgen geschah etwas Bemerkenswertes. Nina war zu Besuch, als ich gerade eine meiner Hobbykisten durchwühlte, weil ich ihr etwas von meiner Arbeit zeigen wollte. Ich hatte eine Menge Kram, der mit meinem Hobby Puppen herzustellen zu tun hatte. Dazu gehörten Schmuckperlen für Armkettchen, selbst gehäkelte Babykleidung, Haar, Stirnbändchen usw.

Ninas Bemerkung zu den vielen Döschen Schmuckperlen

war: »Wow, was für eine Schatztruhe! Wo bekommst du diese Mengen her?«

Ich erklärte ihr, dass ich mich schon so viele Jahre damit beschäftigte, dass ich mittlerweile einige Adressen hatte, wo ich diese Dinge günstiger bekomme, weil ich ja auch immer so wenig Geld hatte.

Als Nina anmerkte, dass dieser Bastelkram im Laden »sauteuer« war (da sie selbst Künstlerin ist, kennt sie sich da aus), fiel es mir wie Schuppen von den Augen. Ich hatte so viel von dem Zeug angehäuft, dass ich es locker verkaufen konnte. Es gab so viele Menschen, die selbst Puppen herstellten, dass sich das sogar rentieren würde. In diesem Moment war eine Idee geboren und ich machte mich gleich an die Umsetzung. Ich fragte mich, wieso ich nicht schon viel früher darauf gekommen war, denn diese Idee half mir, nicht nur locker über den Monat zu kommen, sondern auch noch etwas übrig zu behalten. Und das gelang mir mit Dingen, die schon seit Jahren direkt vor meiner Nase lagen.

Allein die Idee steigerte mein Glücksempfinden wieder, denn ich hatte Hoffnung. Ich vermute, dass ich auf diese Idee nie gekommen wäre, wenn ich in meinem Mangeldenken und -fühlen geblieben wäre.

In der 6. Woche änderten sich folgende Dinge:

1. Ich habe ein persönliches und sehr wirksames Loslass-Ritual gefunden, mit dem ich das Geld-Thema in mir

heilen konnte und das sofort Wirkung gezeigt hat. Durch dieses Ritual habe ich erkannt, wie man etwas, das man sich wünscht, lieben kann ohne es zu wollen. Man muss es frei lassen, wie ein Kind und es selbst entscheiden lassen, ob und wann es zu einem kommt.

2. Ich hatte das Gefühl, dass sich die Akzeptanz langsam fest in mir verankert. Ich hatte zwar noch manchmal Probleme damit, besonders dann, wenn es sich um sehr emotionale Themen handelte, aber sobald ich einen inneren Kampf spürte, schaltete sich die Akzeptanz wie von selbst ein. Sie wurde zur Gewohnheit. Ich fiel nicht mehr in diesen erbitterten inneren Kampf wie früher. Das verursachte auch weiterhin eine gewisse innere Ruhe in mir und ich blieb gelassen in Momenten, in denen ich normalerweise nervös oder wütend werde oder sehr verletzt reagiere.

3. Ich fühlte mich allgemein glücklicher und zufriedener, auch, als sich meine finanzielle Situation noch nicht geändert hatte. Ich war einfach entspannter und lachte viel. Ich hatte viel Spaß mit meinen Euphoria-Spielen, besonders mit dem Überraschtsein, was sich fast zu einer Sucht entwickelte, so viel Freude machte es. Wenn ich in einem Moment nicht so glücklich war, spielte ich das Überraschtsein und schon ging es mir besser. Beim Spielen haben mich sehr die vielen kleinen Erinnerungen überall in der Wohnung unterstützt. Mir fiel auf, dass ich mich in Momenten, in denen ich unglücklich war, (zum Beispiel, als meine finanzielle Situation schlimmer wurde), einfach nur *entschieden* hatte, unglücklich zu sein. Ich hatte entschieden

nicht mehr zu spielen und stattdessen zu leiden. Mehr und mehr wurde mir bewusst, dass ich über mein Empfinden frei entscheiden konnte.

4. Ich hatte immer mehr das Gefühl, als würde sich mein Spiel auch auf andere Menschen auswirken. Besonders auf meinen Mann. Er war viel fröhlicher als sonst, nicht mehr so lethargisch, weil ihn unsere Lebenssituation genauso lähmte, wie mich, sondern energiegeladener und voller Tatendrang. Er tat viel, um mir noch mehr Möglichkeiten zum Glücklichsein zu bieten.

woche 7

Der Aufschwung

Durch meine Idee, das, was ich am liebsten tat, auch anderen zur Verfügung zu stellen und zu verkaufen, kam ich hinter die Bedeutung des Sprichwortes: »Tu was du liebst und du musst nie wieder arbeiten.« Unsere Situation entspannte sich, weil sich meine Idee sofort umsetzen ließ. Und auf einmal wurde mir klar, dass ich so arm ja gar nicht gewesen war. Ich war reich an Kreativität und Ideen und ich hatte eine »Schatztruhe« mit wunderbaren Dingen, die andere Menschen und mich selbst bereicherten. In den letzten Jahren hatte ich mir diesen »Reichtum« selbst angeeignet, ohne es zu wissen. Stück für Stück war er gestiegen. Meine Kreativität war gewachsen, meine Ideen und auch mein »Schatz«. Jeden Monat hatte ich mir etwas Geld abgezwackt, um wieder etwas zu meinem Schatz hinzuzufügen und ich hatte auch oft von meinen Kindern oder Freunden etwas dafür geschenkt bekommen. So war er gewachsen, doch in meinem Armutsdenken habe ich ihn nicht gesehen. Mein Hobby Puppen herzustellen, kleine lebensechte Babypuppen, konnte ich jetzt wieder ausüben, da ich Geld hatte, um mir das fehlende Material dafür zu kaufen, das ich mir jahrelang nicht hatte leisten können. Ich hatte all die Kleinigkeiten, meinen Schatz, aber die teuren

Dinge waren natürlich nie drin gewesen, es sei denn jemand schenkte sie mir. Jetzt konnte ich sie selbst kaufen und ich war so glücklich darüber, dass allein die Tatsache, dass ich jetzt wieder meinem Hobby nachgehen konnte, meinen Glückspegel rapide anhob.

Dass dieser »Reichtum« schon all die Jahre da gewesen war, war mir nicht bewusst gewesen. Erst, als ich mich auf Reichtum fokussierte und spielte, wurde es mir klar. Ich erkannte, dass man anscheinend wirklich nur die Dinge sehen konnte, auf die man seine Aufmerksamkeit lenkte. Alles Andere, selbst wenn es einem direkt vor der Nase lag, konnte man nicht sehen.

Jetzt war die 7. Woche angebrochen und ich spielte natürlich weiter. Ich hatte keine Bedenken mehr, dass ich es schaffen würde und überlegte schon, wie ich in die Welt hinausposaunen sollte, dass ich – die, die sich immer als Härtefall und hoffnungslos bezeichnet hat – es geschafft hatte mit Euphoria ihr Leben zu ändern. Ich hatte noch keine Idee, also spielte ich einfach erst mal weiter und ließ die Idee von selbst kommen. Das Überraschtsein war mittlerweile mein tägliches Ritual geworden. Schon morgens unter der Dusche spielte ich mit diesem Gefühl. Und ich spielte auch wieder das »Ich-mag-Spiel« mit Nina und auch weiterhin mit meiner Schwester. Ich hatte dabei so viel Spaß, dass ich manchmal Tränen lachte. Den Handywecker stellte ich mir alle paar Tage, um mein Glücksgefühl dadurch noch mal so richtig zu pushen. Das waren meine Hauptspiele, die ich spielte. Und natürlich versuchte ich weiterhin die Absichtslosigkeit zu fühlen und zu akzeptieren, wenn es angebracht war. All das fiel mir jetzt gar nicht mehr so schwer. Man erlangt nach einer gewissen Zeit eine Art Routine darin. Man tut es dann so selbstverständlich, wie Zähneputzen.

In der 7. Woche rief mich mein Bruder an, der am anderen Ende des Landes lebte und den ich nur alle paar Monate mal hörte. Es war Abend und ich telefonierte länger als sonst mit ihm, denn ich war von meinen Erfolgen und meinen Plänen, die ich mit meinem Hobby hatte, so angetan, dass ich nicht aufhören konnte zu erzählen. Ich berichtete ihm, dass ich jetzt für einen guten Fotoapparat sparte und für eine Ausstattung, die ich brauchte, um meine Puppen zu präsentieren. Ich hatte wunderbare Ideen, wie ich meine Babys darstellen würde, damit ich sie dann gut verkaufte. Ich merkte ihm an, dass er sich sehr für mich freute, dass es jetzt aufwärts ging. Ich war in einem richtigen Aufschwung und steckte ihn mit meinem Enthusiasmus an, so dass er selbst noch ein paar Ideen mit einbrachte. Danach erzählte er ein bisschen von sich. Er lebte ein ruhiges Leben mit seiner Lebensgefährtin weit unten in Bayern und sie waren glücklich, was mich natürlich freute. Wie schon einige Male zuvor erzählte er mir noch von seinem Leibgericht, was mich wirklich zum Lachen brachte. Davon erzählte er mir oft. Er liebte Bregenwurst. Die fand er aber dort, wo er lebte, nicht. Es gab sie dort einfach nicht zu kaufen.

Am nächsten Tag machte ich mich auf, um ihm eine kleine Freude zu machen. Ich wollte ihm seine Wurst kaufen und in einem Paket schicken. Dazu würde ich eine hübsche Karte schreiben und ihm guten Appetit wünschen. Das machte mir unheimlich viel Spaß. Ich stellte mir vor, wie er sich freuen würde, wenn er seine Wurst auspackte und das zauberte mir ein Dauerlächeln aufs Gesicht. Ich kaufte noch die Karte und ein Päckchen und verpackte alles liebevoll am Abend.

Einen Tag später, ich wollte gerade losgehen zur Post, klingelte dieselbe und händigte mir ein Einschreiben aus. Von meinem Bruder. Als ich den Brief öffnete, fiel ich fast um. Drin lagen mehrere hundert Euro Scheine und ein kurzer Brief, in dem nur stand: »Für deine Fotoausstattung. Viel Glück!«

Nie, niemals, nie und nimmer im Leben hätte ich DAS erwartet. Mein Bruder hat selbst nicht so viel Geld. Er musste sein Gespartes dafür angezapft haben. Ich war so *überrascht*, dass ich eine ganze Weile stumm dastand und gar nichts sagen konnte. Der erste Gedanke, der mir dann kam, war: Noch mehr Bregenwürste kaufen! Ich stiefelte los und kaufte noch ein paar Päckchen. Außerdem kaufte ich noch eine große Schachtel Pralinen. Das alles packte ich noch mit in das Paket. Erst, als ich es dann zur Post brachte, registrierte ich die Bedeutung dieser Situation.

Jemand hatte mir Geld geschenkt! Einfach so. Ohne, dass ich es hatte herbeiführen oder erschaffen wollen. Es war einfach passiert. In diesem Moment spürte ich so richtig deutlich, dass sich mein Leben gerade änderte. Denn dieses Geld bedeutete, dass ich wunderbare Fotos von meinen Puppen machen konnte. Und das bedeutete, dass ich sie gut verkaufen würde. (Ich wusste, wie gut sich Puppen verkauften, die gut gemacht und präsentiert waren.) Und das wiederum bedeutete, dass die Armut vorbei war.

Mir diese Tatsache bewusst zu machen, dauerte fast den ganzen Tag. Ich war es so sehr gewöhnt arm zu sein, dass ich kaum erfassen konnte, was es bedeutete *nicht mehr* arm zu sein, sondern Geld zu haben.

Als ich diese Wandlung in meinem Leben Nina erzählte, freute sie sich so sehr, als habe sich ihr eigenes Leben gerade gewandelt. Bei uns spielte sich ein wunderbar erheiterndes Kopfkino ab, wie sich mein Leben jetzt verändern würde, was passieren würde, wo ich in einem Jahr sein würde. Hinzu spannen wir noch die Möglichkeit, dass sich mein Kinderbuch gut verkaufen würde. Ja, wo würde ich dann in einem Jahr sein? In einem ganz anderen Leben. Im Leben meiner Träume. Auf einmal erwachten meine Kindheitsträume in mir. Die Dinge, die ich erleben wollte, als ich noch klein war und Hoffnung hatte. All diese Träume kamen jetzt zurück und sie schienen auf einmal möglich zu sein.

Ich schrieb sie alle in mein rotes Tagebuch hinein, denn ich wollte keinen einzigen davon je wieder vergessen oder »an den Nagel hängen«. Als Nina mich dabei beobachtete, fragte sie mich, was ich alles in dieses Buch hinein schrieb und ich erzählte ihr, dass dort alles stand, was ich – seit wir beschlossen hatten dieses Experiment/diese Wette zu machen – erlebt hatte. All die Veränderungen, Erkenntnisse, Spiele, Erlebnisse ... einfach alles. Es war mein persönliches Euphoria-Tagebuch. Es war voller Emotionen, voller Tränen und voller Lachen, voll von Erleichterung, Schmerz, Kampf, Freude, Glück und Spaß. Ja, ich glaube dieses Buch war das wichtigste Buch in meinem Leben. Ich schob es ihr hin und sie blätterte ein wenig darin. Nach einer Weile lächelte sie anerkennend und sagte: »Das müssten die Euphorianer lesen.« Dann nahm sie einen Stift und fragte: »Darf ich kurz?«

Ich nickte ahnungslos und sie schrieb auf die nächste leere Seite in großen Buchstaben das Wort: »RESPEKT!«

Ich war so gerührt, dass mir die Sprache weg blieb. Da habe ich wochenlang visualisiert, wie mir Menschen Respekt und Achtung entgegen brachten und nun tat es der Mensch, dem ich das mitunter am meisten glaubte und schrieb ihren Respekt in mein Tagebuch. Dieses Gefühl kann ich nicht in Worte fassen.

Wir unterhielten uns noch eine Weile über Euphoria und sie erzählte mir, dass sie oft selbst Schwierigkeiten beim Spielen gehabt hatte, weil sie so manches Mal die Motivation nicht gefunden hatte weiterzumachen. Sie hatte ebenfalls viel Schlechtes erlebt, war abgestürzt, hatte sich wieder aufgerappelt, war wieder hingefallen und wieder aufgestanden … Ihr Leben war eine Achterbahnfahrt der Emotionen, nicht zuletzt deswegen, weil sie durch ihre starke Empathie auch den Emotionen anderer Menschen ausgesetzt ist, was manchmal wirklich schädigende Ausmaße annimmt, wie sie mir erzählte. Sie berichtete mir, dass sie sich manchmal auch jemanden gewünscht hätte, der sie ans Spielen erinnerte und einfach da war, um sie anzuschubsen. Sie war diesen Weg ganz allein gegangen und das war sehr schwer gewesen, weil sie in ihrem Umfeld immer Negativität, Dramen, Kummer und Schmerz ausgesetzt war. Ich glaube, ihr wurde in diesem Moment erst so richtig bewusst, wie wichtig es war jemanden zu haben, der einen auf diesem Weg begleitet.

Ich versuchte sie zu motivieren sich doch *jetzt* jemanden zum Spielen zu suchen. Auch, wenn sie das jetzt nicht mehr brauchte, weil sie es ja selbst hinbekam, war es doch sicher immer noch hilfreich.

Sie sagte: »Ach, du weißt doch, ich und Menschen ...«

Man merkt es ihr nicht an, weil sie selbstbewusst wirkt, fröhlich und sehr locker und kumpelig, aber der Kontakt mit Menschen fällt ihr sehr schwer. Heutzutage nennt man das Autismus, aber ich glaube, sie nimmt einfach zu viel wahr und ist damit oft überfordert. Sie lebt sehr zurückgezogen und braucht lange Ruhephasen, wenn sie mal unterwegs war. Ich denke, sie ist sehr einsam. Aber ich glaube auch, dass sie nicht in der Lage gewesen wäre und immer noch ist, solche Bücher zu schreiben und dieses Wissen zu vermitteln, wenn es diese Eigenschaften in ihr nicht gäbe. Dadurch, dass sie die Dinge anders wahrnimmt und intensiver, sieht sie Wege, die andere Menschen nicht sehen können. Sie hat es mir einmal so erklärt, dass sie während eines Gespräches mit jemandem so viele Eindrücke erlebt, dass sie sich dabei manchmal selbst verliert. Dann muss sie sie aufschreiben, um sie loszuwerden und wieder zu sich zu finden. Deshalb schreibt sie fast ununterbrochen. Sie sagt, sie wird in ihrem Leben unzählige Bücher schreiben und veröffentlichen, weil das, was in ihr ist, einfach raus muss. Und da ist eine Menge in ihr. Das ist ihr einfach in die Wiege gelegt.

Die Wichtigkeit Menschen zu haben, die einen begleiten,

wurde bei diesem Gespräch auch mir sehr bewusst und ich beschloss auch in Zukunft weiterhin mit meiner Schwester zu spielen. Vielleicht würde ich ja auch irgendwann meinen Mann überzeugen können – wer weiß?!

Als ich am Abend über diesen Tag nachdachte und über das Gespräch mit Nina, blätterte ich in meinem Tagebuch und schlug die Seite auf, in die sie das Wort »Respekt!« geschrieben hatte. Ich notierte auf den nächsten Seiten meine Erlebnisse von diesem Tag und meine Gedanken dazu. Und während ich das tat, dachte ich an all die Menschen, die Ninas Bücher kannten, davon überzeugt waren und das Spiel der Götter auch spielten, aber damit ebenfalls allein waren. Es gab bestimmt viele Menschen, die ihre Motivation verloren, weil sie niemand antrieb und anschubste, so wie Nina es die ganze Zeit mit mir machte. Sie brachte mir Aufkleber, Kakaobohnen, spielte mit mir Euphoria-Spiele, teilte mir ihre Erfahrungen mit, motivierte mich, spornte mich an ... So etwas hatten andere Menschen nicht. Ich war so dankbar, dass ich es in mein Tagebuch schrieb und ich möchte es auch hier loswerden:

Danke, Nina!

Durch deinen Ansporn habe ich es geschafft in meinem Leben eine Wende herbeizuführen. Ich dachte darüber nach, ob es etwas gab, das ich davon an die Menschen weitergeben konnte, die niemanden bei sich hatten, der mit ihnen spielte. Und dann fielen mir Ninas Worte ein: »Das müssten die Euphorianer lesen.«

Das werden sie, dachte ich. In diesem Moment beschloss ich ein richtiges Buch aus meinem Tagebuch zu machen und es zu veröffentlichen. Nina würde mir bestimmt dabei helfen, denn sie kannte sich ja mittlerweile aus. Mit diesem Beschluss endete die 7. Woche. Unsere Arbeit an dem Kinderbuch war nahezu beendet. Wir wollten nur noch etwas an den Feinheiten arbeiten und Nina würde noch eine Weile für die Zeichnungen brauchen. Aber im Groben war die Sache erledigt.

Ich kann also nach nicht ganz zwei Monaten sagen, dass es funktioniert hat. Und hier ist mein Posaunen, das ich versprochen hatte:

Es funktioniert!

Ich war glücklicher geworden und es hatte sich sehr viel – zunächst in mir selbst – verändert. Glaubenssätze wandelten sich und ich erlebte neue Dinge. Mein Leben verschob sich gerade in Bahnen, die ich nie kennengelernt hatte. Meine finanzielle Situation änderte sich. Wir hatten auf einmal Geld, um tatsächlich mal einen Kaffee trinken zu gehen und wir ernährten uns jetzt auch gesünder. All diese Veränderungen mögen vielleicht von außen betrachtet nicht groß sein, aber für mich waren sie gewaltig. Nachdem ich mein Leben lang in ein und demselben ärmlichen Ablauf festgesteckt hatte, war dies nun völlig neues Terrain.

Woche 8

Und täglich grüßt Nikolas

Nina fand die Idee, mein Tagebuch zu veröffentlichen, super und freute sich schon auf die Reaktionen der Euphorianer. Sie glaubte, dass es sie beim Spielen motivieren würde und das hoffte ich auch. Denn genau das wollte ich damit bezwecken. Ich fragte sie, ob sie mein Buch überarbeiten würde, weil ich im Schreiben von Sachtexten nicht so bewandert bin und sie willigte natürlich ein. Ich gab ihr mein Tagebuch mit nach Hause. Sie sollte es lesen und mir dann sagen, was ich herausstreichen sollte, wenn wir es veröffentlichten, weil ja auch viel Privates über sie darin stand und ich weiß, wie sie ihre Privatsphäre schützt. Aber sie wollte gar nichts streichen. Sie sagte, es sei gut so, wie es war. In dieser Woche arbeiteten wir eigentlich ausschließlich an dem Tagebuch, überlegten uns ein Cover, diskutierten, ob wir es in Tage oder Wochen aufteilten usw. Außerdem mussten wir noch klären, wie wir das mit dem Verkauf machen würden. Ich wollte das Buch unter meinem Namen veröffentlichen, aber da sie ja daran mitgearbeitet und mir mit dem Text geholfen hatte (und da sie auch der Auslöser für dieses Buch war) und wegen des Namens Euphoria, der geschützt war, wollte ich, dass wir einen Prozentsatz des

Verkaufserlöses ausmachten, der an sie ging. Außerdem sollte sie als Autorin mit aufs Cover. Als ich ihr all das sagte, kam eine herzerwärmende Reaktion, mit der ich nicht gerechnet hatte.

Sie sagte: »Ich kann meinen Namen gern mit aufs Cover schreiben, aber den Verkaufserlös behältst du allein. Ich verzichte. Das ist *dein* Verdienst.«

Schon wieder schenkte mir jemand Geld. Zwar nicht direkt, aber es war zukünftiges Geld, das mir geschenkt wurde.

Sie fügte noch hinzu: »Außerdem trägt das Buch vielleicht zu deinem Reichtum bei, wer weiß?!«

»Neee«, sagte ich langgezogen. Ich hatte mich voll und ganz auf mein Kinderbuch und meine Puppen fixiert. Da zog ich einen guten Verkauf mittlerweile in Betracht. Es erschien mir möglich. Warum auch nicht? Mit dem Verkauf von einem Euphoria-Buch wollte ich auch gar nicht wirklich etwas verdienen. Ich fand, dass das Nina vorbehalten war.

»Und was ist, wenn du gar nichts dagegen machen kannst? Wenn es einfach passiert?«, fragte Nina jetzt.

Wieder waren wir bei einem ähnlichen Gespräch wie zu Beginn dieses Experiments angelangt. Was wäre, wenn?! Nina war gut darin gedankliche Barrieren zu sprengen und Grenzen aufzuheben. Und sie gab mir schon wieder das Gefühl, dass sie da irgendwie ihre Finger mit ins Spiel brachte, denn sie guckte wieder so seltsam wie damals, als sie mir sagte, sie würde für mich Glück erschaffen. Auf einmal war ich mir gar nicht mehr so sicher, ob sie an dem Punkt die Wahrheit gesagt hatte, als ich von ihr hatte wissen wollen, was sie um Himmels Willen angestellt hatte, dass sich mein Leben auf einmal so wandelte. Vielleicht hatte sie ja doch etwas getan. Ich fragte sie noch einmal.

Ihre Antwort: »Was spielt das für eine Rolle? Es geschieht letzten Endes sowieso nur das, was du zulässt, nicht wahr?«, sagte sie bedeutsam. »Aber, wenn du es unbedingt wissen willst, *natürlich* habe ich dich mir reich und glücklich vorgestellt. Und *natürlich* werde ich auch großen Erfolg für dein Buch visualisieren. Aber wie viel Macht meine Visualisierungen auf dein Leben haben, liegt ganz bei dir. Du hast dich von Anfang an selbst glücklich gemacht, weil du erwartet hast, dass ich diesen Einfluss auf dein Leben habe.«

Ich überlegte. »*Hast* du denn nun Einfluss auf mein Leben?«

»Nur, wenn du es zulässt.« Sie führte ein Beispiel von einem Heiler an, der nur Einfluss auf den Patienten hatte, wenn dieser es zuließ und daran glaubte. Er musste offen dafür sein, sonst würde der Heiler *gar nichts* tun können.

»Also theoretisch«, überlegte ich laut, »könnten wir beide von jetzt an visualisieren, dass jeder Mensch, der mein Tagebuch liest, mit Glück und Erfüllung gesegnet sein wird. Das würde funktionieren?!«

Nina sah mich mit funkelnden Augen an. »Geniale Idee«, raunte sie nachdenklich.

Das Gespräch lief darauf hinaus, dass wir ein weiteres Experiment machen wollten, das ich noch am Ende dieses Buches vorstellen will. Wir tüftelten das Experiment noch ein wenig aus und dann verabschiedeten wir uns. Ich war mir sicher, dass unser neues Experiment funktionieren würde, denn unser erstes war ja ein voller Erfolg gewesen. Ich war zwar noch nicht reich, aber ich war glücklich wie nie zuvor und das Geld floss schon aus allen Ecken. Ich glaubte jetzt daran, dass ich es schaffen konnte reich zu werden. Ich blieb auch in dieser Woche am Spiel dran und machte weiter und weiter. Ich spielte mein Spiel der Überraschung, weil ich wirklich das Gefühl hatte, dass dieses Spiel eine unglaublich starke Auswirkung auf mich und mein Leben hatte. Ich malte mir aus, was ich mit diesem Gefühl noch alles verändern konnte, denn die Möglichkeiten schienen ja grenzenlos zu sein. Man konnte über so vieles überrascht sein. Ich war es aber erst einmal weiterhin über das Geld, das in mein Leben floss und baute zwischendurch immer mal wieder das Gefühl der Überraschung in Bezug auf mein Selbstwertgefühl mit ein. Dieses Gefühl hatte sich allerdings schon stark verändert. Ich war nicht mehr so *sehr* überrascht, wenn mich in meiner Fantasie jemand wertvoll behandelte. Es wurde langsam zu einer Normalität und eine leise Stimme in mir begann tatsächlich so etwas zu sagen, wie: »Warum sollte er dich *nicht* wertvoll behandeln? Du *bist* doch wertvoll!«

Ich war entsetzt, wie schnell das mit dem Umprogrammieren funktionieren konnte. So etwas hätte ich früher niemals über mich gedacht. Ohne, dass ich es bemerkt hatte, hatte sich ein neuer Glaubenssatz eingeschlichen. Heimlich und still. Ich kann jedem dieses Spiel nur ans Herz legen. Es hat eine erstaunliche Wirkung. Und das Beste ist: Es macht Spaß!

Ich versuchte auch jetzt dieses Gefühl der Liebe für

Reichtum zu empfinden, um mich damit zu verbinden, aber ich stellte erstaunt fest, dass das gar nicht mehr nötig war. Ich hatte es schon gefühlt, als ich das Geld (die vielen kleinen Kinder) losgelassen hatte. In diesem winzigen Moment war mir klar geworden, dass ich Reichtum liebte, ja. Ich liebe Reichtum. Und ich schäme mich auch nicht dafür. Reichtum ist etwas Wunderbares. Ich glaube, das, was mich bisher in der Armut gehalten hatte, war meine Wut und Traurigkeit darüber und mein sehnsüchtiger Wunsch nach Wohlstand. Durch die Ablehnung habe ich weiterhin Armut erschaffen und durch das Wünschen immer wieder den Wohlstand von mir gestoßen. Zu erkennen, dass uns Ablehnung an die Dinge anhaftet, die wir nicht wollen und dass ein Wunsch nach etwas uns von den Dingen fern hält, die wir wünschen, ist ein großer Entwicklungsschritt – wenn nicht der größte! Die Aufgabe besteht dann darin, nicht mehr zu kämpfen, mit dem Wünschen aufzuhören und stattdessen zu sein, was man gern sein will. Reich, glücklich, verliebt, zufrieden. Und das ist das Spiel der Götter.

Nach acht Wochen »Euphoria« habe ich erkannt, worum es eigentlich geht, wenn man auf der Suche nach seinem Glück ist. Es geht um das Sein – Jetzt und Hier. Der Rest, das was uns im Außen glücklich macht, passt sich diesem Sein an. Das habe ich selbst erlebt. Aber man muss erst diesen Schritt wagen. Ich bin froh, dass ich ihn gewagt habe. Und ich bin froh, dass ich dabei Hilfe hatte. Ich möchte jedem sagen, der diesen Schritt auch wagen möchte, sich jemanden zu suchen, der mitmacht. Es ist dann so viel leichter. Ich glaube, ganz allein hätte ich das nicht geschafft. Euphoria ist für mich zu einem Lebensstil geworden. Ich versuche nicht auf Biegen und Brechen glücklich zu sein, sondern nehme an, was da ist und fühle das, was mich glücklich macht. Mehr ist es eigentlich nicht.

Woche 8 ging zu Ende. Jeden Morgen guckte mich Nikolas aus dem Spiegel an und erinnerte mich ans Spielen und er wird es auch in Zukunft so machen.

Folgendes hat sich in der 8. Woche verändert:

1. Meine Einstellung zum Leben und zu mir selbst hat sich nachhaltig gewandelt. Ich erkenne jetzt, dass es wirklich das Wichtigste ist, in sich selbst Glück zu finden. Dabei hat mir sehr die Akzeptanz geholfen und sie hilft noch immer. Ich bin nicht völlig frei von seelischen Schmerzen und Traumata, dazu habe ich in meinem Leben zu viel erlebt, aber ich kann sagen, dass ich jetzt damit umgehen kann. Und das beschert mir einen unglaublichen inneren Frieden, der sehr stark zu meinem Glücksempfinden beiträgt.

2. Im Außen spiegelte sich auch in dieser Woche weiterhin das, was ich in Bezug auf Menschen fühle/spiele. Respekt und Achtung. Wertschätzung. All das bringe ich auch anderen entgegen und bekomme es vielfach zurück. Den Glaubenssatz Glück nicht zu verdienen, konnte ich kaum noch in mir finden. Das Gefühl wertvoll zu sein, allein dadurch, dass mich Menschen in meiner Fantasie so

behandelten, hat mich von Grund auf verändert.
3. Finanziell besserte sich meine Situation weiterhin. Es überraschte mich immer noch, dass das Geld auf einmal ohne Kampf in mein Leben kam. Und dass jetzt mehr kam, als ging. Es war noch ungewohnt für mich, aber es wurde von Tag zu Tag »normaler«.
4. Meine Wahrnehmung hat sich im Laufe des Spiels verändert. Ich sehe mehr Dinge, die schön sind und weniger Dinge, die unangenehm sind. Die Welt sieht irgendwie anders aus. Mir fallen andere Dinge auf, die ich vorher nicht gesehen habe. Ich habe das Gefühl, mein allgemeiner Gemütszustand hat sich um 80% nach oben verlagert und pendelt dort oben gemütlich vor sich hin.

Abschließend kann ich sagen, dass mich das Spielen wirklich zu einem glücklicheren Menschen gemacht hat. Aber es ist noch nicht vorbei. Ich spiele weiter und werde sehen, was ich mit meinem persönlichen Götterspiel noch alles bewirken kann.

Fazit

Ich habe acht Wochen lang Euphoria gespielt. Mein Tagebuch schrieb ich täglich. Wir haben diese täglichen Einträge aber in Wochen zusammengefasst, weil ich dachte, dass es sonst zu langatmig werden würde. An manchen Tagen habe ich auch nicht so interessante Dinge erlebt und es hatte keine Veränderungen gegeben oder bedeutsame Erkenntnisse. Deshalb sind meine Euphoria-Tage in Euphoria-Wochen zusammengefasst. Ich möchte hier noch einmal ein Fazit dieser acht Wochen anbringen.

Was habe ich getan?

In den ersten beiden Wochen habe ich fast ausschließlich nur akzeptiert. Dazu habe ich mir ein Notizbuch besorgt und dort niedergeschrieben, was ich gefühlt und gedacht habe. Um akzeptieren zu können, habe ich meinen Gefühlen Ausdruck verliehen. Dazu habe ich auch Kraftausdrücke verwendet, was für mich in Ordnung war, denn ich tat ja niemandem damit weh. Das Ausdrücken meiner Gefühle hat dazu geführt, dass ich sie annehmen konnte. Und das Annehmen führte schließlich zum Annehmen der Situation, die diese Gefühle ausgelöst hatte. Diese Übung habe ich konsequent jeden Abend gemacht.

Es ging weiter mit der Absichtslosigkeit. Diese habe ich

gefühlt, indem ich mir klar machte, dass man, sobald man etwas *tut*, es nicht mehr *beabsichtigt*. Das wahrzunehmen war ein großer Schritt für mich. Ich habe in kleinen Situationen immer wieder versucht die Absichtslosigkeit zu fühlen. Beim Anheben einer Tasse, beim Gehen, beim Abwaschen usw. Das hat dazu geführt, dass ich öfter im Hier und Jetzt präsent war und meine Gedanken nicht in die Zukunft abdrifteten. Mir wurde bewusst, dass das absichtslose Spielen von Euphoria, wie das absichtslose Tun ist. So, wie man eine Tasse anhebt und dies ohne Absicht tut, weil man sich bereits im Tun befindet, spielt man auch das Spiel der Götter. Man kann nicht gleichzeitig glücklich sein und beabsichtigen glücklich zu sein. Es hat mir geholfen mich zu fragen: »*Bin* ich jetzt glücklich oder *beabsichtige* ich es?« So blieb ich viel öfter im Sein und nicht in einer Absicht.

Das Umprogrammieren meiner Glaubenssätze folgte in den nächsten Wochen. Ich habe es mit Hilfe von Ninas Spiel der Überraschung geschafft, was sehr wirksam war. Dieses Spiel spielte ich mindestens drei Mal am Tag intensiv und des Öfteren kurz, wenn ich gerade daran dachte. Das machte ich jeden Tag. Zusätzlich machte ich abends noch meine Akzeptanzübung in meinem Buch, wenn ich spürte, dass es einen Kampf in mir gab. Wenn es keinen Kampf gab, ließ ich diese Übung aus.

Neben dem Programmieren habe ich in den letzten Wochen auch Glücksgefühlspiele gespielt so oft ich konnte. Dabei war der Handywecker und das Ich-Mag-Spiel. Beides hat dazu geführt, dass ich glücklicher wurde und meine Welt anders wahrgenommen habe.

Zusammengefasst waren es also nicht viele Übungen, die ich in diesen acht Wochen durchgeführt habe. Alles in allem waren es diese:

- Schriftliche Akzeptanzübungen
- Absichtslosigkeit fühlen und wahrnehmen
- Visualisieren und damit Glaubenssätze ändern
- Das Handywecker-Spiel
- Das Ich-Mag-Spiel

Aufgeteilt auf acht Wochen ist das wirklich nicht viel, aber es hat durch die Konsequenz eine nachhaltige Veränderung herbeigeführt. Ich hatte natürlich auch Tage, an denen ich nicht gespielt habe, aber ich war zum größten Teil wirklich konsequent, wobei mir verschiedene Dinge geholfen haben. Zum Einen natürlich Nina, die sowieso immer wieder vorbei kam, weil wir an meinem Buch arbeiteten und die mich dann zum Spielen anspornte. Auch haben mir meine vielen kleinen Erinnerungen in der Wohnung geholfen. Was aber die größte Hilfe war, war glaube ich mein Tagebuch. Jeden Abend hineinzuschreiben, was ich mit dem Spiel der Götter erlebt habe und was sich dadurch verändert hat, hat dazu geführt, dass ich auch etwas *haben* wollte, was ich hineinschreiben konnte. Also habe ich gespielt. Jeden Morgen dachte ich: »Heute Abend musst du wieder Notizen machen.« Das hat mich sofort zum Spielen angeregt und so habe ich es fast an keinem Tag vergessen. Wenn ich nicht gespielt habe, habe ich auch das in mein Buch geschrieben.

Dann ging es mir einfach nicht gut und ich habe mich entschieden an diesem Tag zu leiden. Das war auch okay. Aber ich habe konsequent Buch geführt und ich denke, dass das ein großer Motivationsfaktor ist. Ein weiterer Faktor ist natürlich jemand, der mitspielt, denn mit dieser Person kann man sich dann austauschen, man kann sich gegenseitig motivieren, anheizen, sich Spiele überlegen usw. Das macht einfach mehr Spaß. Deswegen rate ich jedem, sich zumindest eine Person zu suchen, mit der man gemeinsam spielt.

Mein Fazit zu diesen acht Wochen ist Folgendes:
Ich habe mit den Veränderungen, die durch das Spielen eingetreten sind, nicht gerechnet. Besonders erstaunt hat mich die Tatsache, dass sich meine Glaubenssätze so mühelos ändern ließen. Und so schnell. Ich mache natürlich weiter, weil ich will, dass sie sich wirklich nachhaltig verankern, aber sie haben sich schon innerhalb von einer Woche spürbar geändert. Auch war ich überrascht darüber, wie glücklich ich sein konnte, trotz meiner Geschichte. Ich habe gemerkt, dass sich meine Glücksgefühle steigerten, je öfter ich sie fühlte. Traumata aus meiner Vergangenheit fühlten sich auf einmal nicht mehr so schmerzhaft an. Es hat sich so viel in mir verändert, dass ich nicht weiß, wie ich es alles aufzählen soll. Sowohl Kleinigkeiten als auch große Dinge haben sich geändert.

Letzten Endes bin ich froh, dass ich nicht aufgegeben habe und am Spiel dran geblieben bin. Es kostet etwas Überwindung die alten Gewohnheiten zu ändern, aber ich kann mit absoluter Gewissheit sagen, dass es sich lohnt! Ich hoffe, dass ich den Menschen mit diesem Buch Mut machen kann, es auch zu versuchen, denn ich glaube, dass *jeder* sein Leben ändern kann. Jeder!

Zusätzlich möchte ich noch erwähnen, dass wohl noch etwas Anderes stark dazu beigetragen hat, dass es mir in diesen acht Wochen nach und nach immer besser ging. Beim Gesetz der Anziehung konzentriert man sich immer hauptsächlich auf den geistigen Aspekt und will Gedanken – bzw. Gefühlshygiene betreiben, um eine andere Realität zu erschaffen. Aber was ist mit dem materiellen Aspekt? Mit dem Körper? Ich glaube, dass dieser Aspekt mindestens genauso wichtig ist. Dieses Buch sollte kein Ernährungstagebuch sein, deswegen habe ich es nicht so häufig erwähnt, aber ich habe mich in diesen Wochen mehr und mehr von veganer Rohkost ernährt und viele gesunde Dinge zu mir genommen, die mir Nina empfohlen hat. Die Meinungen über die richtige Ernährungsweise gehen sehr weit auseinander, deswegen möchte ich dem Leser nur ans Herz legen, sich wirklich einmal intensiv mit dem Thema Rohkost zu befassen und sich gründliche Informationen einzuholen. Ich habe, inspiriert durch Nina, in diesen Wochen sehr viel darüber gelernt. Nina hat mir Bücher ausgeliehen und ich habe im Internet recherchiert. Da Nina sich selbst seit vielen Jahren mit Ernährungsformen beschäftigt, hat sie ein umfassendes Wissen was dies angeht und kam letztendlich zu dem Schluss, dass Rohkost die natürlichste und gesündeste Form der Ernährung ist. Das muss aber jeder für sich selbst entscheiden, weshalb ich empfehle, sich wirklich gründlich zu informieren. Durch meine eigene Recherche kam ich schließlich zu dem Schluss, dass sie Recht hat. Ich habe einen Großteil meiner Ernährung, so gut es finanziell ging, umgestellt und natürlich weiterhin Ninas Superfoods zu mir genommen. Von Tag zu Tag ging es mir körperlich besser. Ich fühlte mich wacher, irgendwie leichter, energiegeladener, frischer und erholter, ich war tagsüber nicht mehr müde, meine Verdauung verbesserte sich und auch meine Haut. Außerdem habe ich in dieser Zeit eine Menge abgenommen, was mich wahnsinnig gefreut hat, da ich wieder in meine Hosen von vor einigen Jahren passte.

Ich glaube, dass dieses körperliche Wohlgefühl auch auf mein Gemüt eingewirkt hat. Ich denke, man muss wirklich beide Aspekte beachten und sich um beide kümmern. Den geistigen und auch den körperlichen. Wir sollten nicht nur Gedankenhygiene betreiben, sondern auch (innere) Körperhygiene. Wenn wir uns schlecht ernähren, stopfen wir uns mit Abfall voll, so, wie wir unseren Kopf mit schlechten Gedanken vollstopfen. Es ist dasselbe Prinzip, nur im materiellen Bereich. Dadurch geht es uns schlecht und genau das wollen wir doch ändern.

Mir ging es jedenfalls durch die rohköstliche Ernährung unglaublich gut und auch das morgendliche Kauen meiner Kakaobohnen hat tatsächlich gut getan. Ich habe mich wohl damit gefühlt und meinem Körper etwas Gutes getan. Ich kann es jedem nur empfehlen. Ich glaube, es hat einen triftigen und sehr bedeutsamen Grund, warum die Lumenier sich von Rohkost ernähren und warum Nina dieses Thema in ihren Büchern immer wieder anschneidet und besonders in ihren Romanen immer wieder ausführt. Es ist wichtig. Wir sollten uns nicht nur gut um unseren Geist kümmern, sondern auch um unseren Körper. Er wird es uns mit Glücksgefühlen danken.

Das 2. Experiment

In der 8. Woche hatten Nina und ich beschlossen, ein neues Experiment auszuprobieren. Ein neues Spiel. Wir wollten intensiv visualisieren (absichtslos natürlich), dass jeder Mensch, der dieses Buch liest (also auch du!), glücklich wird! Da wir alle eins sind, haben wir auch alle Einfluss aufeinander. In dieser Welt wirkt jeder Mensch auf das Leben eines anderen Menschen ein – auf irgendeine Weise. Wir haben beschlossen auf eine positive Weise auf *dein* Leben einzuwirken. Nach Beendigung dieses Buches beginnen wir, jeden Menschen, der dieses Buch in den Händen hält (ob als Printbuch oder digital ist egal) und es liest, glücklich zu sehen. Glücklich, zufrieden und erfüllt. Wir visualisieren, dass du mit deiner ganz individuellen Lebenserfüllung und allumfassendem Glück gesegnet bist. Was auch immer diese deine Erfüllung sein mag, was auch immer dein Herz ersehnt: Wir sehen dich lachen vor Glück! Ständig! Weil die Erfüllung dein ist.

Diese Visualisierung werden wir einfach vollkommen absichtslos in unser tägliches Spiel einbauen. Es macht überhaupt nichts, wenn es nicht funktioniert, denn das wollen wir gar nicht bewirken. Wir spielen nur. Aber unsere Visualisierung wird Einfluss auf dich und dein Leben haben, wenn du es zulässt. Wenn du einfach nur zulässt, dass unsere Visualisierung geschieht. Wenn du zulässt, dass sie auf dich wirkt. Wir sehen dich im größten Glück! Das ist unser Experiment. Die Auswirkungen werden wir an den Resonanzen zu diesem Buch sehen. Damit wollen wir dir beim Spielen helfen. Gemeinsam zu spielen ist einfach viel leichter. Wenn du es mal nicht schaffst zu spielen, dann ist da jemand, der das für dich übernimmt. Wir! Aber das Experiment geht noch weiter. Wir möchten dich bitten ebenfalls jeden Menschen, der dieses Buch liest, glücklich zu sehen. Glücklich und zufrieden. Auch, wenn es nur für einen kleinen Moment ist. Stell dir nur vor, wie all die Menschen dieses Buch in der Hand halten und vollkommen selig und erfüllt sind. Voller Glück. Wenn wir alle mitmachen, tragen wir zu dem Glück aller Leser dieses Buches bei. Das ist ein gutes Gefühl, denn jeder Mensch, der dieses Buch liest, ist auf der Suche nach seinem Glück. Helfen wir den Menschen dabei, es zu finden. Du selbst profitierst auch davon, denn wenn 1000 Menschen mitspielen, visualisieren 999 Menschen **dein** Glück! Das ist enorm, wenn man bedenkt, dass schon ein einzelner Gedanke bzw. ein einzelnes Gefühl von einem einzelnen Menschen große Auswirkungen haben kann. Das Ganze mal 999 wird eine unglaublich große Glücksschöpfung ergeben.

Um diese Schöpfung geschehen zu lassen, musst du nichts weiter tun, als all die Glücksgefühle und Glücksgedanken von den Menschen zuzulassen. Lasse einfach nur zu, dass diese Menschen mit ihren positiven Gedanken und Gefühlen auf dein Leben einwirken. Lass das Glück geschehen, das vielleicht tausende Menschen für dich erschaffen und erschaffe dasselbe Glück für sie. Visualisiere und *fühle* alle »Experiment«-Leser glücklich und erfüllt.

Und dann spiele einfach weiter das Spiel der Götter. Mach dieses kleine Spiel einfach immer dann, wenn du gerade daran denkst, oder wenn du dieses Buch siehst. Denke und fühle dann einfach so etwas wie: »Ach ja, alle Leser dieses Buches sind total glücklich!« Oder: »Alle Leser dieses Buches finden die vollkommene Erfüllung.« Und fühle es.

Hier kommt noch eine »kleine« Motivation:

Spiele das Spiel der Götter, spiele es mir nach und wandle dein Leben damit. Suche dir vielleicht jemanden, der mit dir zusammen spielt, denn das hilft wirklich. Und lasse auch zu, dass all die Leser dieses Buches Glück für dich erschaffen. Lasse es geschehen. Lass die positiven Schwingungen in dein Leben. Wenn du es geschafft hast, durch dieses Spiel glücklich zu werden, dann möchte ich dir als »Belohnung« etwas schenken. Was das ist, teile ich dir auf meiner Webseite mit. Ich wünsche dir bei deinem eigenen Euphoria-Experiment viel Spaß und viel Erfolg!

Schlusswort

Ich habe immer geglaubt, es sei für mich nicht möglich, vollkommen glücklich zu werden. Ich war immer auf der Suche nach dem Glück, wollte ein Stück davon abhaben, aber von dem *ganzen* Kuchen habe ich mich nie getraut zu träumen. Ich dachte immer, ich sei zu geprägt von all dem Schmerz in meinem Leben. Aber ich habe mich getäuscht. Jetzt weiß ich, dass es nicht wichtig ist, wie sehr man geprägt wurde. Es lässt sich alles ändern. Alles. Selbst der schlimmste Schmerz kann durch das Akzeptieren geheilt werden und auch der tiefsitzendste Glaubenssatz kann umprogrammiert werden. Und es ist so einfach, dass es erschreckend ist. Wir machen uns das Leben oft selbst schwer, weil wir nicht loslassen wollen, weil wir kämpfen oder Angst haben. Ich gebe zu, Euphoria erfordert Mut. Aber ist es das eigene Glück nicht wert, diesen Mut aufzubringen? Als ich mit der Akzeptanz begonnen habe, war dieser Schritt noch sehr schwer für mich. Aber je öfter ich es versucht habe, umso mehr wurde mir klar, dass mir nichts passieren kann. Dass mir die Akzeptanz nichts tut. Schritt für Schritt habe ich mehr Mut gefasst und ich habe nicht aufgehört, ich habe nicht nachgelassen, bis ich mein Glück gefunden hatte. Nach so vielen Jahren wollte ich es endlich in Besitz nehmen. Es war immer da, aber ich habe nie danach gegriffen.

Es gibt noch so viel in mir, das ich mit Euphoria verändern und heilen möchte. Aber der erste Schritt ist getan. Ich bin glücklich! Ich möchte allen Lesern sagen, dass es nicht unmöglich ist, sein Leben zu verändern. Ich habe es getan. Gerade jetzt in diesem Moment wandelt sich mein Leben. Und ich habe das Gefühl, als habe es die ganze Zeit nur darauf gewartet.

Danksagung

Mein Dank gilt Nina Nell, die all das möglich gemacht hat! Danke für deine Bücher und danke, dass es dich gibt. Auch danke ich mir selbst. Dafür, dass ich nie aufgehört habe, mein Glück zu suchen!